Canal Interoceánico de Colombia
La mejor ruta en América para un canal a nivel entre los dos océanos.
Jaime Gómez González, MD
Juan Andrés Moreno Moreno, Esq.
Claudia Gómez Baldwin, M.Ed, Ed.S

Contraportada. Nuevo Escudo de la República de Colombia. LH Flórez

Autores:

Jaime Gómez González, MD
Miembro Honorario CANATCOL, AP
Director Sembrando Semillas para el Futuro, Stillwater, MN, USA

Secretario

Abogado, Secretario Ejecutivo, CANATCOL, AP

Claudia Gómez Baldwin, M.Ed, Ed.S.
Presidenta, Sembrando Semillas para el Futuro, Stillwater, MN, USA
www.CANATCOL.com

Canal Interoceánico de Colombia

Dedicatoria

Le dedicamos este libro a Santa María la Antigua del Darién, para que proteja a los niños y niñas del Chocó, Colombia que sufren desnutrición.

Canal Interoceánico de Colombia

Contenido

Prólogo

Canal Interoceánico de Colombia

Prólogo

El Chocó no tiene por qué estar condenado a la economía extractiva únicamente, la que nos petrificó en el atraso; no todos los pueblos de la tierra siguen el mismo libreto para lograr su desarrollo humano. Podemos impulsar otras dinámicas económicas; la Escuela de Caminos, Canales y Puertos, puede ser una opción formidable, orientada desde la Universidad del Chocó DIEGO LUIS CORDOBA, o dándole el giro pertinente, a la facultad de Ingeniería Civil de la misma universidad, de ser necesario, con el apoyo de todas las instituciones y universidades del mundo, que tengan experiencia en el tema, ya que el conocimiento es patrimonio de toda la humanidad, hay que buscarlo donde esté, por cuanto nos pertenece a todos los seres humanos; todos hemos contribuido a lograrlo de una u otra forma y por cuanto con esa escuela o facultad replanteada, el Departamento del Chocó puede sin lugar a dudas construir otras alternativas importantes de progreso y estimular el desarrollo de la comarca.

Este Departamento tiene la virtud otorgada por la naturaleza y la divina Providencia, de contar con varias posibilidades, para estimular su   desarrollo, no tiene que quedarse anclado en la minería, amén de los 47 mil kilómetros cuadrados de tierra que posee, para ser una potencia agropecuaria, o una potencia en la producción de alimentos, con buenos profesionales del área, contamos con dos mares para desarrollar la industria pesquera y otras líneas; más de mil ríos, lagos y ciénagas vírgenes; somos una potencia hídrica sin aprovechar en toda su dimensión, sólo se requiere que sus gobernantes y sus dirigentes al frente de las instituciones, desarrollen la creatividad, que rompan con el libreto establecido en forma vertical, nocivo para nuestro desarrollo, piensen por un instante en cómo beneficiar al colectivo, que pongan fin a la timidez o al egoísmo, dejen de pensar en nimiedades, y se dispongan a no pasar por los cargos públicos, sin trascender, que comprendan que estar al frente de una institución en el Chocó, donde todo está por hacer, es una bella oportunidad, para trabajar por todos nuestros coterráneos, muchos de los cuales se encuentran huérfanos de orientación y esperanza, luego hay que pensar con grandeza, hay que abrir los espacios para los nuevos profesionales y las nuevas generaciones. Tenemos como hacerlo. Por ejemplo, podemos pensar en unir los dos ríos más importantes del Chocó, Atrato y Truando, ampliando el Canal del Cura, o simplemente utilizando la carretera Quibdó-Istmina, exigiendo al ministerio de Transporte, que incluya los tres ríos importantes del Chocó en su agenda, a efecto de canalizarlos, para convertir al Chocó en un centro mundial del turismo ecológico y científico, de tal manera que puedan cruzar embarcaciones con turistas y científicos de todo el mundo, de costa a costa, ningún otro departamento de Colombia cuenta con tamaño privilegio, solicitando por supuesto al estado colombiano brinde la seguridad necesaria en todo el territorio , para recorrer, el golfo de Urabá en la costa Atlántica, subir por el Río Atrato hasta Quibdó, pernoctar en Quibdó, si lo quieren, para luego seguir por carro hasta la bella Istmina, y poder continuar por el río San Juan, hasta salir a la costa del Pacífico, a disfrutar de las bellezas del Pacífico, y si ya está construido el Canal Interoceánico del Chocó, como debe ser siendo, una empresa de los Chocoanos, indiscutiblemente, este será el paraíso terrenal, brindando a Colombia y al mundo una oportunidad de ensueño, conocer la selva Chocoana con todo el esplendor de su fauna y flora, que podamos desarrollar la cultura de la selva, adelantar estudios científicos con nuestra selva, montar los laboratorios para la investigación científica. El Chocó es una tierra prodigiosa, tal como lo enseña nuestro himno nacional, tenemos de todo lo que Dios pudo dar, sólo falta el compromiso sagrado de aprovechar lo que tenemos,   para bien de los Chocoanos, ya que el mundo imperial con sus aliados, hace quinientos años lo viene aprovechando y explotando con el visto bueno del gobierno nacional.

Debemos contar con una programación, para recorrer toda nuestra bella geografía, los lugares emblemáticos de la comarca, sitios históricos, pueblos, ríos, cascadas, ciénagas, lagos, aguas cristalinas y puras, termales, cerros, montañas, museos, centros urbanos, culturales, Santuarios, iglesias, pueblos indígenas, los lugares de mitos y leyendas, todo cuanto resulte necesario y útil para enriquecer el recorrido del turista; hacer del turismo ecológico y científico, nuestra nueva misión, por nosotros mismos, las estaciones pertinentes, a efecto que el turista pueda disfrutar del recorrido, conocer nuestra cultura, gastronomía, los senderos ecológicos, los zoo-criaderos, los sitios estratégicos que se deben acondicionar, los centros recreacionales, centros de estudio, con los estudiantes y los nuevos profesionales de la Universidad Tecnológica del Chocó y de otras universidades colombianas y del mundo.

Esto será una fuente generadora de trabajo, empleo, fomenta el emprendimiento, desarrolla la inteligencia en forma significativa en la región, a lo largo y ancho del recorrido, no es fácil, pero tampoco es imposible, sólo se requiere pensar con grandeza y la elaboración de un proyecto de desarrollo, que bien lo puede liderar , la UTCH y la Gobernación del Chocó, delegando esa tarea a un equipo de profesionales de la región, expertos en elaboración de proyectos, bien pagados, para que trabajen a satisfacción, señalándoles un periodo de tiempo, para la entrega del producto, e invitar al mundo entero si es necesario. Tenemos que salir de la cultura del lamento, es mejor pensar y actuar en consecuencia; de nada sirve seguir pregonando a los cuatro vientos, por todos los medios de comunicación, que somos la **"capital mundial de la biodiversidad"**, si no somos capaces de hacer nada para beneficiarnos de tanta belleza junta, de ponerla al servicio de nuestra gente para transformar la vida de nuestros hermanos y en cambio seguimos dejando que se aprovechen otros, los nacionales y extranjeros, cuando los nuestros siguen sumidos en la pobreza, el desempleo profesional creciendo, que a la final termina en la fuga de cerebro.

Tanto en el río Atrato, San Juan y Baudó, se deben construir los Puertos Multimodales que se requieran, los deben hacer las alcaldías con los recursos de regalía, para facilitar el transporte y embellecer el recorrido turístico, para lo cual se deberá exigir al gobierno nacional que garantice la seguridad total en el territorio, en todo el Departamento, ya que sin seguridad en el territorio el turismo no nace y si nace se muere.

Por otra parte, no debemos soslayar lo relacionado con el Canal del Chocó, al contrario, debemos ir profundizando y madurando sobre la necesidad de construirlo, unir el Atlántico con el Pacífico por el Chocó, será una bendición más para esta tierra, es la obra por excelencia, que va a reivindicar al Chocó y nos pondrá en relación directa con el mundo, vendrá a generar Desarrollo a los Chocoanos, siempre y cuando sea una empresa de los Chocoanos, o por lo menos que el Chocó tenga el mayor número de acciones, por ser los dueños de la tierra por donde se construirá el canal, tal como lo concibe la organización que se ha creado con el único objeto de construir el Canal Interoceánico del Chocó, la ASOCIACIÓN PRIVADA Canal Interoceánico de Colombia, CANATCOL, AP (www.CANATCOL.com). Contaremos con una zona del canal de 172 kilómetros de largo, ambas márgenes, lo que será obligatoriamente un polo de desarrollo, agrícola, ganadero, industrial y comercial, para el Chocó, Colombia y el mundo. Esta obra nos va a permitir generar divisas en dólares por lo tanto, la Universidad del Chocó, la UTCH, debe asumir, sin temor de ninguna clase y sin tardanza, las acciones necesarias que conduzcan a la construcción del Canal del Chocó como una empresa de los Chocoanos.

JUAN ANDRÉS MORENO MORENO
Juanandresm2015@gmail.com
Quibdó, Julio de 2019.

Introducción

Con las noticias que escuchamos de Colombia en el año 2012 que niños indígenas se han suicidado debido al hambre, hemos investigado qué se podría hacer que no sea simplemente poner una pequeña cura a la situación. Nuevas generaciones de Colombianos desconocen el tesoro oculto que yace abandonado y olvidado por todos. El remoto Chocó, que no tiene agua pura a pesar de que llueve 12.5 metros al año, no tiene electricidad a pesar de tener 1.000 ríos, no tiene infraestructura a pesar de tener minas ricas de oro y de platino, y se está muriendo de hambre en medio de la riqueza.

Por tal razón se ha pensado en "resucitar" el megaproyecto discutido desde hace más de 160 años, de abrir el paso para crear un Canal que una los océanos Pacífico y Atlántico, a través del cuarto río más caudaloso del mundo, el Atrato. Este mega proyecto, pensamos que instigaría el desarrollo de una de las zonas más ricas en recursos naturales de Colombia, pero donde abunda también la pobreza.

Tradujimos el libro de William Kennish y Frederick M. Kelley, *"Canal Interoceánico de Colombia: Descubrimiento y Exploración del Canal Interoceánico Vía Atrato-Truandó"* (1855) del Inglés al Español para que los Colombianos puedan conocer las exploraciones que se hicieron a mediados de ese año.

En nuestras investigaciones, hemos encontrado más de 300 referencias bibliográficas. Una de las más importantes, ha sido la colección de 7 tomos de la Comisión Estadounidense para el Canal Interoceánico (Tomo 5) publicada en 1970 donde se concluye que la ruta más aceptable que descubrieron fue la Ruta # 25 para hacer un Canal Interoceánico que va de Curiché, Chocó a 7° de latitud Norte, hasta la desembocadura del río Atrato por la boca Tarena en el Municipio de Unguía.

Ese es el tesoro de Colombia: una vía interoceánica a nivel del mar, sin esclusas para los nuevos gigantes del mar que llevan contenedores de un océano a otro. Un proyecto de esta envergadura crearía entradas en divisas que permitirían pagar en poco tiempo la construcción de la obra.

Este megaproyecto será un polo de desarrollo, que creará una zona industrial, comercial, zona franca, generará suficientes recursos para la salud, la educación y permitirá la atención a las necesidades infantiles básicas para terminar con la mortalidad infantil, cinco veces más alta en Chocó que en todo Colombia. También, conseguirá mejorar la nutrición de los niños para terminar con el problema de la desnutrición y anemia infantil.

Se necesita la voluntad de los líderes y las comunidades Colombianas, que permitan el desarrollo de esta zona, en la esquina más envidiable de Sur América.

Según las cifras del Sistema de Información Minera Colombiana (SIMCO) del Ministerio de Minas, el Chocó produce 47% del Oro de Colombia; en el 2013 produjo 1.792.242,96 onzas de oro y 59.019,12 onzas de Platino. Nos preguntamos *¿en dónde está toda esa riqueza?* Esto equivale a más de un mil millones de dólares, sin embargo el Chocó vive en medio de la miseria absoluta.

Las estadísticas de las diversas entidades oficiales Colombianas, indican los siguientes datos en el Chocó:

1. Mortalidad materna 366:100.000. La más alta del Hemisferio Occidental.
   Mortalidad infantil 100:1000 (DANE).
2. Niños de 5 a 10 años se suicidan por hambre (RCN, 2012).
3. Desnutrición y anemia infantil 73% (ICBF).
4. Desempleo 28.5% (DANE), según los Obispos del Chocó la cifra es del
   60%.
5. Infraestructura es mínima.
6. Doce hospitales que no tienen agua, ni energía eléctrica
7. Indice de pobreza 67% (DANE).

Estos datos fomentan la violencia interminable en Colombia, la cual desplaza continuamente a los habitantes, en una guerra sin fin. Para añadir a esta imágen tan desolada de nuestro hermoso país, el Estado continúa la "guerra química y biológica" contra los campesinos de Colombia. El único país del mundo que permite lo que llaman eufemísticamente "fumigaciones o aspersiones" que están prohibidas por el artículo #81 de la Constitución de Colombia de 1991.

1. Definiciones y Resumen Histórico

Canal, palabra derivada del Latín *Canalis*, según Larousse significa: "Río, excavado o cauce artificial, que mediante esclusas, permite a los barcos salvar las diferencias de nivel. Canal marítimo, el que hace comunicar dos mares entre sí como el Canal de Panamá". Webster dice: "Vía acuática artificial para navegación, irrigación, etc."

La primera definición excluiría los canales a nivel del mar que no necesitan esclusas para pasar de un océano a otro. "En ingeniería se denomina canal a una construcción destinada al transporte de fluidos —generalmente utilizada para agua— y que, a diferencia de las tuberías, es abierta a la atmósfera. También se utilizan como vías artificiales de navegación". [Wikipedia].

Tampoco entra en la definición vías acuáticas naturales como el Canal de la Mancha que separa las Islas Británicas de Europa. Por allí cruzaron las galeras romanas para invadir ese país. A comienzos del segundo milenio Guillermo el Conquistador cruzó el canal con sus Normandos. El 6 de Junio de 1944 un millón de soldados atravesó la ruta para llegar a las playas de Normandía y derrotar al ejército Nacional Socialista de Hitler en la II Guerra Mundial.

El Gran Canal de China de 1976 km fue construído en el año 605 de nuestra era. Los antiguos Egipcios unieron el Mediterráneo con el Mar Rojo. Las aguas del Nilo se usaron para irrigar los campos, pero también se excavó el desierto en tiempos inmemoriales para comunicar los dos mares. Fernando de Lesseps abrió el Canal de Suez en 1869 y empezó la construcción del Canal de Panamá en 1870.

En 1513 el Rey de España en la cédula de nombramiento del Gobernador de Panamá Pedrarias Dávila, recomendó explorar la región. No sabía que Vasco Núñez de Balboa había descubierto el Mar del Sur en ese mismo año. Y dice Don Juan de Castellanos "Y hacia Panamá guío la proa, al Mar del Sur, que descubrió Balboa".

En Marzo de 2012 Radio Cadena Nacional de Colombia presentó la noticia sobre niños del Chocó de 5 a 10 años quienes cometían suicidio por hambre. Ante esta situación tan trágica decidimos investigar el problema y dedicar esfuerzos a buscar las soluciones para resolver esta crisis humanitaria, denunciada por los Obispos Católicos en 2014, y nuevamente por Monseñor Juan Carlos Barreto, Obispo de Quibdó (Julio, 2019), confirmada por el Defensor del Pueblo y por las Naciones Unidas.
<https://www.youtube.com/watch?v=mD87t3iyWMY>.
Debido a la situación estratégica del Chocó, que tiene costas en los dos océanos, e innumerables recursos naturales, se pensó si el desarrollo de la infraestructura podría resolver la crisis humanitaria. Uno de estos proyectos de infraestructura, para unir los dos océanos, es el Canal Interoceánico de Colombia.

Encontramos más de tres centenares de artículos, y estudios de todos los aspectos de la Zona del Canal de Colombia. Diecinueve Tesis de la Escuela Superior de Guerra de Colombia: una de ellas del Coronel Luis Laverde Goubert, 1956, Premio Lorenzo Codazzi, la cual es el estudio de prefactibilidad del Canal. En total son 600 páginas mecanografiadas que están inéditas.
En esta publicación deseamos presentar la información que hemos venido compilando sobre los Canales de Colombia desde el Canal del Dique excavado a mediados del Siglo XVII hasta los estudios para la construcción del Canal Interoceánico de Colombia a nivel del mar para Buques Ultra Grandes de Contenedores (conocidos por la sigla inglesa ULCS).

La longitud de las nuevas esclusas del Canal de Panamá (2015) de 366 m de largas no permiten el paso de los ULCS de más de 400 m. de eslora. Estos gigantes del océano serán el 85% de la Flota Mercante Mundial en 2030.

La construcción del nuevo Canal es imperiosa y urgente. Estudios detallados de 30 sitios posible para Canales en América por al Comisión de los Estados Unidos (1970), concluyeron que el único sitio posible donde se puede excavar un canal a nivel del mar es en Colombia.

La exploración de la Comisión Colombo-Americana de fines de los años 40 en la cual participó el Mayor Luis Laverde Goubert, fue la base para la Ley 280 de 1949 de los EEUU.

La ruta del Canal Atrato-Truandó, debe modificarse para facilitar la navegación de los ULCS reduciendo de ocho a una curva de más de 110°. Consideramos ideal la vía entre Coredó 6.93-76.98 y Unguía 8.05-77.1, de 172 km. que se extienden por los municipios de Juradó, Riosucio, Unguía (Chocó) y Turbo, (Antioquia).

Los propietarios de la Zona del Canal son los Consejos Comunitarios y los Cabildos Indígenas reunidos en la Asociación Privada "CANATCOL". Se ha pensado en dos posibilidades: reemplazar la ley 53/1984 por una nueva que ordene a los 27 Batallones de Ingenieros Militares construir el Canal o ceder en concesión por 30 años a una o varias compañías de Ingenieros que se reúnan en consorcio para repetir los estudios, obtener las licencias, financiar, construir, operar y mantener el Canal Interoceánico. Se estima un costo de un millón de dólares por kilómetro e ingresos por peajes del orden de los seis mil millones de dólares al año (US$6.000 millones). Existen antecedentes de la mayor importancia: Los Ingenieros militares de los Estados Unidos bajo el comando del Coronel Russell terminaron la obra del Canal de Panamá en 1914. Los Ingenieros Militares de Egipto bajo el Presidente Al Si-Si ampliaron el Canal de Suez en 2014. Los Ingenieros Militares de Estados Unidos están encargados desde hace muchos años del control de ríos, canales y puertos de este país. Tienen además el Centro Internacional de Manejo de Recursos Hídricos (ICIC) que podría prestar asistencia técnica a Colombia.

Según información personal del arquitecto Hernando Vargas Rubiano al arquitecto Alberto Mendoza Morales (1996) existen otros 10 istmos en Colombia en donde se podrían comunicar ríos para incrementar la navegación interior, uno de los métodos más económicos de transporte que han sido olvidados por los colombianos. La canalización del río Magdalena y la construcción de esclusas en los raudales de Honda, haría posible la navegación desde Girardot hasta Barranquilla. A través de Canales se pueden conectar los ríos de los llanos al Orinoco y los del sur de Colombia dentro del trapecio Amazónico.

El Canal entre la Tagua y Puerto Leguízamo podría permitir la navegación entre Florencia por el río Horteguaza hasta el Caquetá para conectarse con el Putumayo. Uno de sus afluentes es el Río Cotué. -2.88333 y -69.7333, y el río Amacayacú límite occidental del parque natural Amacayacú, el cual desemboca en el río Amazonas.

Hay istmos entre los ríos Arauca y Cravo Norte, Meta Tomo, Tuparro, Muco, Ariari, Guaviare, Inirida, Vaupés, Caguan. A través de estos canales se puede llegar al río Orinoco.

Historia

Hace 500 años Vasco Núñez de Balboa descubrió el Mar del Sur. Desde esa época ha habido interés en encontrar una ruta para unir los dos océanos. Según el padre Ramírez, el primero en sugerir una comunicación entre el golfo de San Miguel y el río Atrato, fue "un tal Saavedra" contemporáneo de Balboa. [Ramírez JE, 1967]. El Rey Carlos V dió órdenes al nuevo Gobernador Pedrarias

Dávila (1514) para descubrir el Mar del Sur. [El Rey no sabía que ya había sido descubierto en 1513 por Vasco Nuñez de Balboa].

Escribió el rey: "se hagan desde la villa de Nuestra
Señora Santa María del Darién, hasta la dicha mar del sur, tres ó cuatro asientos en las partes que paresciere más provechosos en el golfo de Urabá, para atravesar é hollar la tierra de la una parte á la otra, y donde con ménos dificultad la gente pueda andar, y en los lugares que paresciere que son más sanos, y tengan buenas aguas y asientos, conforme á la instrucción que llevastes: y el asiento que se oviere de hacer ... en la mar del sur, debe ser en el puerto que mejor se hallare y más convenible para la contratación de aquel golfo".

[Carta del Rey Católico a Pedrarias Dávila, 1514, Sobre los medios de facilitar la comunicación entre la costa del Darién y la Mar del Sur, Archivo de Simancas, Portal de Archivos Españoles, Madrid.]

2. Siglo XVII Canal del Dique, 1650
Primer Canal del Nuevo Mundo.

Don Juan de Castellanos autor del poema más largo de la lengua Castellana, escribió en su canto:"Y la Historia de Cartagena". Narra el cronista que en el año de mil quinientos treinta y tres el conquistador Hispano Madrileño de pura cepa, Don Pedro de

Heredia fundó a la Nueva Cartagena, Cartagena de Levante que finalmente se ha llamado Cartagena de Indias. La ciudad Heróica, el corralito de piedra por sus poderosas murallas, fue el puerto más importante de la Conquista y la Colonia, atacado en muchas ocasiones por piratas y por   expediciones como la del almirante Vernon que no pudo tomar a Cartagena con 25.000 soldados por el valor y tenacidad de los defensores comandados por Don Blas de Lezo y el Virrey Eslava.

A comienzos del Siglo XVII los Cartageneros preocupados con los ataques de los piratas a su ciudad empezaron a fortificarla, a construir el Fuerte de San Felipe de Barajas y una ruta de escape que les permitiera salir de la ciudad hacia Calamar. Pasaron casi 50 años, cuando llegó como nuevo Gobernador Don Pedro Zapata de Mendoza, quien presentó y recibió aprobación para la construcción del Canal del Dique para unir la Bahía de Cartagena con Calamar, puerto sobre el río Magdalena, una distancia de 119 km. que tiene 56 m. de ancho y 2.40 m de profundidad mínima. El clérigo franciscano, "entendido en la materia", Fray Francisco de Rada, y el ingeniero militar Juan de Somovilla Tejada fueron designados para acompañar al gobernador en visitas al terreno y darle asistencia técnica". Unieron a pico y pala las ciénagas de María y Matuma para permitir la navegación de buques hasta de mil toneladas que años más tarde fueron impulsados por vapor.

En el Archivo de Indias se encuentra el expediente sobre el Canal del Dique (1647-63). [Archivo General de Indias, AGI, Santa Fe, 199]. Del cual transcribimos:

"Comenzó entonces una carrera contra el tiempo, pues la excavación debía estar terminada antes de las lluvias invernales. La movilización fue extraordinaria, ya que se reunieron casi 2.000 hombres entre peones, sobrestantes y oficiales. Los trabajos comenzaron el 7 de marzo de 1650 y finalizaron el 20 de agosto. Según indicó el escribano del Cabildo, "entre las 4 o 5 de la tarde, al parecer según el sol, ví que la gente que trabaja en el Dique y río Nuevo rompieron la tierra que estaba en la boca del dicho Dique y sobre la orilla del río grande de la Magdalena, y habiendo hecho entró gran golpe de agua y corrió con gran violencia por el dicho río Nuevo abajo según su corriente". La construcción había exigido la apertura de dos grandes zanjas, una al occidente, en la zona de Matunilla, y otra al oriente, para comunicar el Magdalena con el caño. El costo fue de unos 50.000 pesos, "tan corto precio que disminuye la grandeza de la obra", según el gobernador Zapata. Este no se privó de recordar que los terrenos por donde se abrió el Dique pertenecían al Cabildo cartagenero, o que había puesto dinero de su bolsillo, junto a otros "buenos repúblicos". Pese a ello, la ciudad tuvo que tomar a censo 10.000 pesos para financiar la obra: "Ha obrado dos veces más lo natural que lo trabajado, que ha sido celebrada entre todos por hecho de romanos". El Canal del Dique empezó a ser utilizado por pequeñas embarcaciones, barquetas, barcos, canoas, chinchorros y champanes, que empleaban 3 o 4 días en cruzarlo. El Cabildo impuso diversos gravámenes a las mercancías que se transportaban. El costo del transporte de mercancías, respecto a la ruta mixta anterior con canoas y recuas de mulas, se abarató un 50% y el comercio entre la costa y el interior experimentó una notable expansión. A pesar de ello, el mantenimiento de la obra fue nulo, por una combinación de dejación institucional e intereses creados. Es posible que fueran dueños de recuas de mulas perjudicados quienes suplantaron la identidad de un franciscano y enviaron al Consejo de Indias unas cartas en las cuales, además de acusar al ya ex-gobernador Zapata de ladrón, pendenciero y burlador de mujeres, ponían en entredicho la utilidad y seguridad del Canal. Este se deterioró rápidamente, en parte también debido a que el Cabildo lo explotó por un sistema de arrendamiento. En 1679 solo quedaba abierto el Medio Dique, de Matumilla a Mahates. Las únicas obras realizadas fueron pequeñas limpiezas y el arreglo de unos puentes.

En resumen, el Canal del Dique es un canal artificial que parte del pueblo de Calamar sobre el río Magdalena y sale al mar en el punto llamado "Boca Cerrada".

El Canal del Dique fue utilizado por más de 350 años para navegación interior con muy poco mantenimiento, problemas como las inundaciones que se registraron en 2010 por el rompimiento de un tramo de su pared, afectando varios municipios de Bolívar y Atlántico. En lo cual causó el desplazamiento de 100.000 familias. El Gobierno contrató los servicios de una compañía Holandesa y otra Colombiana para hacer los trabajos de renovación "la solución aprobada consiste en una esclusa de navegación de 250 metros de longitud y una estructura de entrada de 60 metros de ancho en Calamar para reducir y controlar la entrada de agua y sedimentos en el Canal del Dique", Paola Andrea Vargas Rubio - del Diario La República.

Referencias
El Canal del Dique [PARES, Portal de Archivos Españoles en la Red]

"La solicitud de contacto ha sido dada de alta con éxito. El código de referencia asociado es CAS-240446-K5YB6G. Banco de la República (Colombia).

"Sellado acuerdo para ejecutar por fin las obras de recuperación del Canal del Dique" construcción de dos esclusas: una en Calamar y otra en Puerto Badel,
Metro, 18 mayo, 2019 https://revistametro.co/2019/05/18/canal-dique-acuerdo/
PARES

El Canal del Dique 1810-1840: El Viacrucis de Cartagena
www.banrepcultural.org/blaavirtual/publicacionesbanrep/.../canal.htm

Blanco Soto, P: El Canal entre Barranquilla y Sabanilla /1959.

Covo Torres, P: Esbozo de la Historia de Cartagena de Indias, Tecnar Cartagena de Indias 2012.

Herráez Sánchez de Escariche, Julia, Escuela de Estudios HispanoAmericanos, 1946 - Cartagena (Colombia) - 137 pages
http://books.google.com/books/about/Don_Pedro_Zapata_de_Mendoza_gobernador_d.html?id=0HBTAAAAYAAJ

Lemus, GB- 1989 El Canal del Dique 1810-1840: El Viacrucis de Cartagena
www.banrepcultural.org/blaavirtual/publicacionesbanrep/.../canal.htm

Lemaitre Román, Eduardo, 1914-1994. Historia del Canal del Dique: Sus Peripecias y Vicisitudes /1982.

Lucena Giraldo, Manuel "Una Obra Digna de Romanos": El Canal del Dique, desde su
...www.banrepcultural.org/blaavirtual/revistas/credencial/.../canal-dique

Mogollón,JV: Reseña Histórica del Canal del Dique. perjudicadoscanaldeldique.jimdo.com/.../historia-del-canal-del-dique.

Mogollón Vélez, JV: El Dique en el Siglo XIX: del Canal de Totten al Ferrocarril Cartagena-Calamar /2012.

Pretelt Martínez, AM: Historia Sintética del Canal del Dique, 1958.

Real, A: Dique de Cartagena /Canal del Dique (Bolívar, Colombia), Bogotá, 1872.
Vargas Rubio, PA - Diario La República.

3. Siglo XVIII Primer Canal Interoceánico de América: Canal del Cura 1778

El primer Canal Interoceánico de América fue el Canal del Cura, llamado así por haber sido construido por Gabriel Arrachateguí, un sacerdote católico, minero y comerciante que unió los ríos Atrato y San Juan a través de la quebrada Raspadura en 1788. El ancho del canal es de solo dos metros pero sirvió para llevar armamento y municiones a Cartagena en la Guerra de la Independencia de Colombia. Esto fue confirmado por Humboldt: "En el interior de la Provincia del Chocó la quebrada Raspadura se une con el río San Juan y el riachuelo Quito, el río Andagueda y el río Ziratán forman el Atrato que desemboca en el Atlántico, mientras que el San Juan va hacia el Pacífico.

El canal del Cura, Chocó

El Cura Párroco de Novita abrió con sus fieles un canal para canoas para llevar cacao de mar a mar, esto se conoce en Europa desde 1788. La distancia entre las dos bocas es de 75 leguas". Continúa el Barón Alexander von Humboldt en su libro "Ensayo Político sobre el Reino de la Nueva España" traducido del francés y publicado en Londres en 1811:

"Al Sudeste de Panamá siguiendo la costa del océano Pacífico, se encuentra un pequeño puerto y bahía de Cupica. El nombre de esta bahía se ha hecho célebre en el Reino de la Nueva Granada por un proyecto de un canal para unir los dos océanos. Cupica dista 5 o 6 leguas marinas de río Napipi que fluye hacia el Atrato".

4. Siglo XIX: Orden de Simón Bolívar al Gobernador del Chocó, Coronel José María Cancino sobre la construcción del Canal Interoceánico en 1820.

En 1820 Simón Bolívar ordenó al Gobernador del Chocó **Coronel José María Cancino** la construcción a pico y pala del canal de San Pablo, 46 km de distancia entre los ríos Atrato y San Juan. Luego en 1827 Robert Stephenson, el hijo de George Stephenson visitó a Bogotá y le propuso al Libertador Simón Bolívar la construcción del ferrocarril del istmo de Panamá; estos sueños siguen en pie y todos quienes hemos estudiado geografía en las aulas de colegios de Colombia, somos testigos de ese proyecto histórico que no ha tenido acogida todavía por las generaciones de Colombianos en los últimos dos siglos.

Hace poco tiempo recibimos un mensaje de una persona que no conociamos quien manifestaba que había sabido de la labor que estamos desarrollando en el Chocó y por razones muy personales deseaba participar en este empeño. Aún cuando desconociamos al autor recordamos de inmediato el ilustre apellido del Prócer de la Independencia de la Nueva Granada Libertador del Chocó, Gobernador de este Departamento y Jefe Militar de la Provincia del Cauca. Sabíamos que el Coronel José María Cancino fue hijo del Coronel Salvador Cancino, mártir de la Independencia, fusilado en Cartagena por el Pacificador Morillo. Su abuelo el Protomédico de Santa Fé de Bogotá Doctor José Vicente Román Cancino fue el primer Profesor de Medicina de la Universidad del Rosario en 1753. El Coronel José María Cancino participó en la gesta libertadora y era Alférez en la Batalla de Boyacá. Fue el director de la banda de música e interpretó la Marcha Vencedora para celebrar la victoria. Fue condecorado por el Libertador Simón Bolívar con la Cruz de Boyacá; después de su ascenso a Coronel fue jefe de las tropas que se desplazaron al Chocó a liberar esa región de la Nueva Granada. Ocupando ese cargo el Libertador le envió el siguiente despacho:

DOCUMENTO 6631. OFICIO DE JOSÉGABRIEL PÉREZ AL GOBERNADOR DE CHOCÓ CORONEL JOSÉ MARÍA CANCINO, fechado en Popayán el 11 de febrero de 1822 por el cual le dice que el Libertador desea que se abra el canal del Istmo que separa los dos ríos. * Popayán, febrero 12 de 1822.

Al Señor Gobernador del Chocó, Coronel José María Cancino:
(1 <http:// www.archivodellibertador.gob.ve/ escritos/buscador/spip.php? article 5619#nb1>).

"He tenido el honor de recibir el Oficio de V.S. de 25 de enero último en San Pablo y de dar cuenta de él a S.E. el Libertador, quien se ha servido prevenirme diga a V.S. que haga trazar el Canal por la parte del Istmo que separa los dos ríos y tiene sólo cinco kilómetros en un terreno de cascajo y greda deleznable que haga V.S. abrir picas y ponerlas corrientes hacia los demás pueblos en donde pueda también abrirse el Canal, o se hayan reputado fáciles para esta apertura; que encargue V.S. a Jamaica los instrumentos necesarios para esta operación, los que se pagarán por cuenta del Gobierno, pues S.E. estaría para el mes de octubre en el Chocó y está resuelto a ejecutar la útil empresa de comunicar los dos mares; y espera que para cuando llegue, ya V.S. habrá hecho cuanto se previene arriba y habrá tomado noticias ciertas, informes exactos, prólijos y circunstanciados de cuanto es necesario para esta importante obra, consultando a los prácticos de los lugares. Dios lo guarde.

[JOSÉ GABRIEL PÉREZ]

* De un copiador del Archivo del Libertador. Sección O'Leary, tomo XIX, folio 135 vto. al 136. <http:// www.archivodellibertador.gob.ve/ escritos/buscador/spip.php? article 5619#nh1>]

No conocemos las razones por las cuales no se pudo cumplir la orden de Bolívar, pero el mensaje del Libertador ha ido pasando de mano en mano entre los descendientes del Coronel Cancino quien falleció en su hacienda de Tuluá, Valle. Ahora Don Fernando Cancino Restrepo nos ha pedido que demos un informe sobre el Canal Interoceánico del Chocó y con todo gusto colaboramos con esa distinción.

5. Siglo XIX:

Alexander von Humboldt

Con edición académica de Alberto Gómez Gutiérrez, se presentó el 30 de agosto de 2018, en el Museo Nacional de Colombia, la monumental obra Humboldtiana neogranadina. Felicitaciones a los editores de la obra del Barón von Humboldt. El Canal Interoceánico para unir el Atlántico y el Pacífico por el istmo del Darién, único lugar de América en donde se puede hacer un canal a nivel del mar.

Frederick M. Kelley

En 1855 el Capitán William Kennish, patrocinado por el Sr. Frederick M. Kelley, encontró el estuario del río Paracuchichi a 7° de latitud norte en la costa del Pacífico. Atravesó la Serranía de Baudó y propuso la construcción de dos tuneles de cinco kilómetros de largo para llegar a la vertiente del Atlántico a través de los ríos Nerqua, Truandó y Atrato.

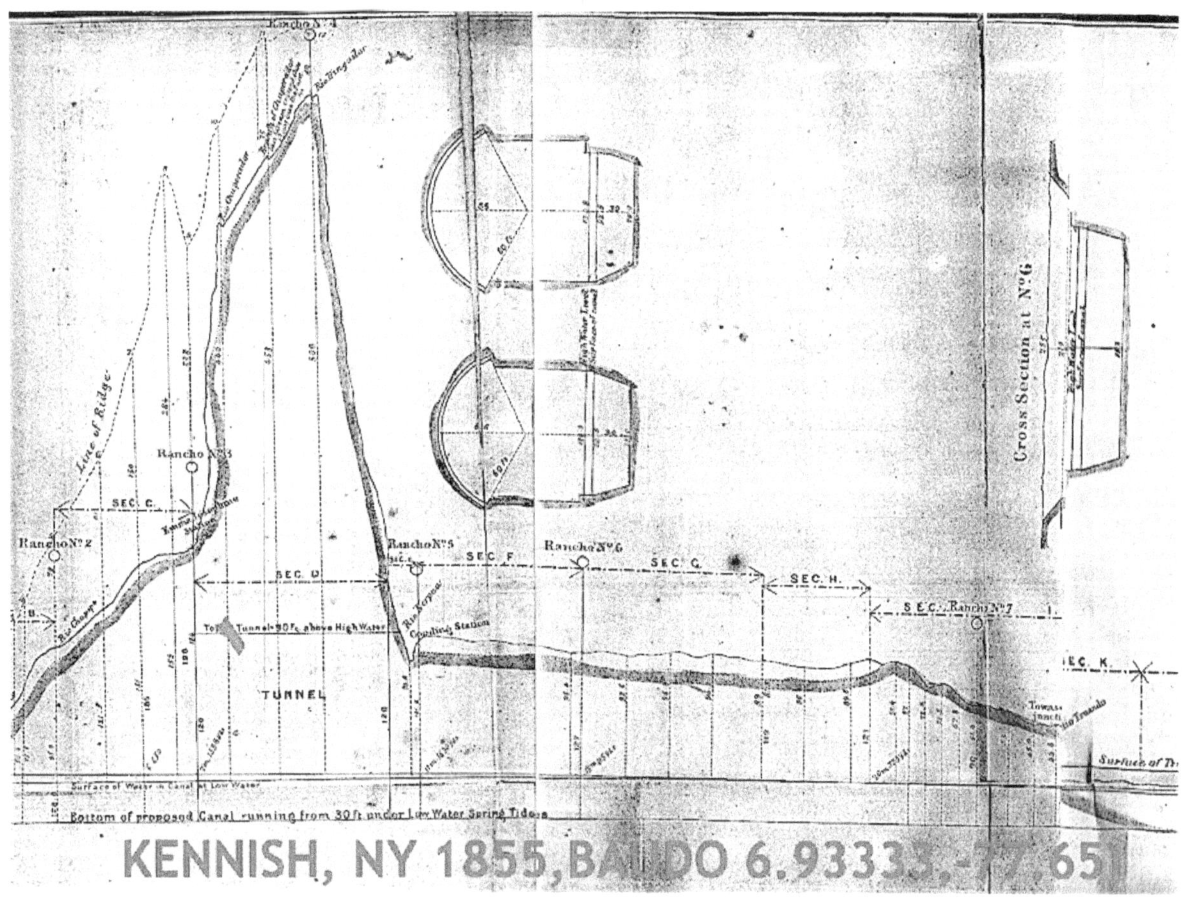

Estudios

Desde el descubrimiento de la ruta Atrato-Truandó por William Kennish en 1854, se han hecho una miríada de estudios. Dos años más tarde el Teniente Nathaniel Milchner fue enviado por el Gobierno de EEUU para confirmar los hallazgos de Kennish. Hizo el recorrido en sentido opuesto y presentó su informe al Congreso de su país en 1861. (Google Books).

REPORT

OF

THE SECRETARY OF WAR,

COMMUNICATING,

In compliance with a resolution of the Senate, Lieutenant Michler's (report of his survey for an interoceanic ship canal near the Isthmus of Darien.)

FEBRUARY 15, 1861.—Read and ordered to lie on the table.   Motion to print referred to the Committee on Printing.
FEBRUARY 16, 1861.—Committee discharged.   Ordered to be printed.

WAR DEPARTMENT, *February* 12, 1861.

SIR: I have the honor to transmit herewith a communication from the chief topographical engineer, accompanied by the report of Lieutenant Michler, of his survey for an interoceanic ship canal near the Isthmus of Darien, called for by a resolution of the Senate of June 5, 1860.

Very respectfully, your obedient servant,

J. HOLT,
Secretary of War.

Hon. J. C. BRECKINRIDGE,

MR KELLY
WHEN PRESENTED
TO QUEEN VICTORIA

5. Siglo XIX Canal Atrato-Truandó: Frederick M. Kelley 1855
FREDERICK MEDARD KELLEY (1822-1905)

THE

PRACTICABILITY AND IMPORTANCE

OF A

SHIP CANAL

TO CONNECT THE

ATLANTIC & PACIFIC OCEANS.

WITH A HISTORY OF THE ENTERPRISE

From its first Inception to the Completion of the Surveys.

INCLUDING THE INSTRUCTIONS FROM F. M. KELLEY, ESQ., TO WILLIAM
KENNISH, ESQ., CIVIL ENGINEER—REPORT OF MR. KENNISH'S SURVEY,
WITH ACCOMPANYING PLATES, AND A PAPER UPON THE THEORY
OF THE TIDES—CONFIRMATORY REPORT OF E. W. SERRELL,
ESQ., CONSULTING ENGINEER—AND AN ESSAY UPON
THE IMPORTANCE OF THE CANAL IN ITS RELATIONS
TO THE COMMERCE OF THE WORLD.

NEW-YORK:
GEORGE F. NESBITT & CO., PRINTERS AND STATIONERS,
Corner Pearl and Pine Streets.
1855.

Frederick Medard Kelley, Banquero de Wall Street, New York, patrocinó siete expediciones para encontrar la vía para el Canal Interoceánico a nivel del mar en la región del Darién, en la segunda mitad del Siglo XIX.

Nació en Carmel, Condado de Putnam, en el estado de Nueva York el 26 de Julio de 1822. Fueron sus padres Ebenezer Kelley y Huldah Foster. Su padre fue el propietario del Banco de Carmel, Condado de Putnam, Nueva York, donde trabajaba como cajero su tío Francis Edward Kelley (1825-1864).

Frederick M. Kelley contrajo sus primeras nupcias en 1850 con Emma Josephine Gardner (1832-1879) no tuvieron descendencia. Segundas nupcias con Laura Ann. Su domicilio era 153 W. 45th street, Nueva York. Fueron los padres de Francis Eugene Kelley y Robertino Kelley (1858-1949).

En 1842-43 estudió en el Seminario Amenia de Nueva York. Su primer trabajo fue como empleado del Banco de Drew Robinson. El Sr. Drew también había nacido en Carmel, Nueva York.

Posteriormente se dedicó a negocios del mercado de valores de Wall Street y amasó una gran fortuna.

En el Censo de 1855 tenía 33 años, vivía en la casa de su suegro William R. J. Gardner Ward 3, New York, NY con su esposa Emma J. Kelley de 23 años.

Frederick M. Kelley leyó las publicaciones hechas por Alexander Von Humboldt a comienzos del Siglo XIX sobre la comunicación de los dos océanos y el río Atrato   y dedicó su vida y su fortuna a perseguir ese ideal.

Kelley, fue uno de los precursores de las exploraciones y estudios para encontrar la ruta más adecuada para unir el Atlántico y el Pacífico a través del Istmo del Darién. En 1850 era Presidente de Colombia el General Hilario López, quien otorgó permiso al Sr. Kelley para hacer los viajes a la Provincia del Cauca a la cual pertenecía el actual Departamento del Chocó.

El 1 de marzo de 1880 los Comerciantes de Nueva York ofrecieron un banquete de Gala en el Hotel Delmónico en honor de Ferdinand de Lesseps.   Asistieron 250 personas y llevaron la palabra distinguidos oradores entre ellos el Sr. Frederick M. Kelly de Nueva York, quien informó a la audiencia de las siete expediciones que patrocinó para explorar la ruta interoceánica a nivel del mar.

Las siete expediciones fueron:

1. En 1852 el Ingeniero Trautwine de Filadelfia recorrió la ruta de los ríos Atrato-San Juan, hizo levantamientos topográficos y posteriormente publicó un mapa de la región.

2 y 3. En 1853 envió dos expediciones, una comandada por el Sr. Mark B. Porter y otra por el Coronel Lane.

4. En 1854 expedición comandada únicamente por el Coronel Lane.

5. En 1855 el Capitán William Kennish descubrió la ruta Atrato-Truandó una distancia de 209 kilómetros para un canal de 200 pies de ancho y 30 de profundidad. En 1854 el Sr. Frederick M. Kelley dió instrucciones precisas al Capitan William Kennish, un ingeniero civil, para que buscara un puerto a 7° de latitud norte en la costa del Océano Pacífico. El Capitán Kennish viajó a fines de 1854, recorrió la costa de la Nueva Granada desde Punta Ardita hasta encontrar por primera vez el estuario del Paracuchichi, a once kilómetros de distancia de Coredó. La expedición siguió por este río hasta llegar a la línea divisoria de las vertientes del Pacífico y del Atlántico. Continuó su recorrido a través del río Hingador para llegar al valle de Nerqua, proseguir por este río hasta llegar al Truandó y navegar por este hasta el Atrato para alcanzar la desembocadura en el golfo de Urabá.

El eminente explorador consideró viable la construcción de un canal a nivel sin esclusas para unir los dos océanos. Recomendó dos túneles de cinco kilómetros para atravesar la Serranía de Baudó. En   1858 El Presidente de EEUU James Buchanan comisionó al Teniente Nathaniel Michler y 22 científicos, quienes confirmaron los hallazgos del Capitán Kennish e informaron al Congreso de los EEUU en 1861.

6. En 1863 la expedición fue copatrocinada por los Srs. Cyrus Butler y Like T. Merritt, comandada por el Sr. Norman Rude, quienes exploraron la región del golfo de San Blas.

7. En 1864 el Sr. McDougall encontró una ruta interoceánica de 48 kilómetros a través del río Bayamón y propuso un túnel de 10 a 15 kilómetros de largo.

La primera expedición fue comandada por el Ingeniero de Filadelfia John C. Trautwine en 1852. Recorrió los ríos Atrato y San Juan y elaboró un mapa de la región. No encontró el Canal del Cura excavado por el Presbítero Gabriel Arrrachategui, Párroco de Novita, con sus feligreses en 1778. Tomás Catrillón Muñoz escribió en 1964 que la razón para haber hecho dicha obra había sido una disputa de límites entre la familias Mosquera y Salinas. Como se mencionó anteriormente, el Canal del Cura conecta los ríos Atrato y San Juan a través de la quebrada Raspadura. Tiene dos metros de ancho y permite el paso de canoas. Fue el primer Canal Interoceánico de América.

Las siguientes expediciones por cuenta de Kelley, se llevaron a cabo por el Coronel Lane y Porter durante los años 1853 y 1854. Lane, quien algo supo sobre el río Truandó en Quibdó, incluyó en su estudio un mapa de la provincia del Chocó fechado en 1856. El estudio se titula: **"Compañía del Canal Atlántico-Pacífico; Informe sobre el levantamiento cartográfico de los ríos Atrato, Pató y Baudó"** (Nueva York, 1856).

A fines de 1854 Frederick M. Kelley patrocinó la quinta expedición bajo el comando del Capitán William Kennish. Atravesó el Istmo de Panamá (el Ferrocarril de Panamá empezó a funcionar el 28 de enero de 1855). Llegó a la ciudad de Panamá en donde adquirió un buque para llevarlo por la costa del Pacífico hasta el Sur de la Bahía de Humboldt a 7° de latitud Norte, en el estuario del río Curiché que Kennish nominó como "Kelley inlet". A comienzos de 1855 ascendió la Serranía de Baudó que separa el océano del valle del río Truandó, afluente del Atrato que desemboca en el océano Atlántico.

El 3 de marzo de 1857 el Congreso de los Estados Unidos aprobó una ley que dice "Se decreta que los Secretarios de Guerra y Marina quedan autorizados bajo la dirección del Presidente para emplear a los oficiales del ejército y de la marina que sean necesarios con el fin de explorar y verificar los trabajos ya hechos de un canal para barcos cerca del Darién, para conectar las aguas del Pacífico y el Atlántico por los ríos Atrato y Truandó, con tal que los costos no excedan $25.000, que se apropian aquí con este fin con el dinero del tesoro que no se hayan apropiado de otra manera". Firma el Presidente de EEUU James Buchanan".

Esta ruta fue confirmada por la misión comandada por el Teniente Nathaniel Michler y 22 científicos quienes empezaron el recorrido entrando por la desembocadura del río Atrato en el Océano Atlántico en 1858. El informe fue presentado al Congreso de dicho país y publicado en 1861. Ese año comenzó la Guerra de la Secesión, y consecuentemente, el proyecto se archivó y se olvidó.

En 1856, Kelley visitó Europa, estuvo con Alexander von Humboldt, fue a Inglaterra a presentar el proyecto a la Reina Victoria. Habló en la Sociedad Geográfica Real presidida por Robert Stephenson y fue condecorado con la Medalla de Oro Telford. Esta Medalla es el premio más alto otorgado por la Institución Británica de Ingenieros Civiles (ICE) por un artículo, o una serie de artículos. Vale la pena anotar que el Sr. Kelley no era Ingeniero sino banquero. Escribió varios folletos y artículos sobre las exploraciones realizadas en inglés y en francés. En 2014 la Biblioteca Digital de la Universidad Nacional de Colombia publicó la traducción al castellano del libro de Frederick M. Kelley de 1855 por Gómez y Baldwin.

Luego, el Sr. Kelley, pasó a Francia para obtener la cooperación de esos países. El Emperador Napoleón III le ofreció financiar una tercera parte de los costos de la construcción del Canal, lo cual no fue aceptado. Después de su regreso a Nueva York en 1861 estalló la guerra de la Secesión que duraría hasta 1865.

Durante muchos años, Frederick M. Kelley dedicó todo su tiempo y fortuna a la promoción de la empresa. Otras dos expediciones fueron enviadas a la Provincia de Panamá en 1863, cuando Norman Rude encontró la ruta del Golfo de San Blas.

En 1864 A. Mc Dougal fue al Golfo San Blas y al río Bayano. La distancia entre los dos caños es de 48 kilómetros y declaró para conectarlos se necesitaría un túnel de 10 a 15 kilómetros de largo.

El Sr. Kelley estuvo en Washington en 1866 conferenciando con el Almirante Davis sobre el Canal Interoceánico. Menciona el Congreso del Canal Interoceánico de París, en donde presentaron sus trabajos. Se dice de Frederick M. Kelley que "produjo información más inteligible hacia la solución de este problema, de tal gran importancia a los intereses comerciales y políticos del mundo, que lo que se había dado hasta ahora." Sus investigaciones y experiencia le dan una autoridad reconocida sobre este tema, y pocos hombres han tenido un conocimiento más amplio y preciso sobre todos los asuntos relacionados a los canales interoceánicos".

"Durante varios años, el Sr. Frederick M. Kelley, un joven banquero de Wall Street celebró la concesión ahora propiedad de la Compañía Francesa; ha gastado su fortuna privada de ciento veinte mil dólares en la promoción de la empresa, a la que todavía puede contribuir energía y experiencia, la Compañía Francesa de haber mostrado cierta disposición a reconocer sus servicios ".

Ernesto Guhl (1915-2000) en la biografía de Agustín Codazzi escribió: "Frederick M. Kelley se dedicó durante casi diez años a la cuestión del canal, con inmensa energía pero también con muchas equivocaciones." Tiempo después él mismo confiesa: "Cuando, en 1851, empecé a estudiar la historia científica y los contornos geográficos de América Central, ignoraba mucho de lo que se había hecho y escrito en el pasado y, por supuesto, nada podía saber de los valiosos datos que se han acumulado desde entonces".

Véase "Kelley, The Union of the Oceans by Ship-Canal Without Locks Via the Atrato Valley [La Unión de los Océanos Mediante un Canal sin Esclusas, para el Tránsito de Buques, por la Vía del Valle del Atrato] (Nueva York, 1859), pág. 5.

En el censo de 1900, el Sr. Kelly tenía 78 años, había perdido toda su fortuna y vivía en una residencia para ancianos y viudos en Nueva York. Falleció en 1905 y está enterrado en el Cementerio Kelley de Carmel, N.Y.

Su obituario dice: "La muerte del Sr. Kelley". Diario del Condado de Putnam Courier, fecha 08 de diciembre 1905. "Frederick M. Kelley, uno de los hombres destacados de Carmel enviados por el mundo, falleció en Nueva York el domingo por la noche a los 83 años, dejando dos hijos, Frederick Eugene Kelley quien vive en Saratoga, y Robertino Kelley vive en Toledo, Ohio. Fue enterrado en el cementerio Kelley el miércoles en la parcela familiar. Su muerte siguió de cerca la de su hermana la Señora Mullan J. Cole. Deja un hermano, Thomas FR Kelley y dos hermanas la Señora Hopkins y la Señora Kelley, en la vieja casa de Carmel Village. "

Referencias
Ammen, D.: The Interoceanic Ship Canal Meeting at Chickering Hall, December 9, 1879. The Proposed Interoceanic Ship Canal across Nicaragua.
J Am Geographical Society New York 1879;11: 113-152.

Bankers Magazine 1863-1864; 18(13) Smith Romans, New York, NY.

Beers, "Commemorative Biographical Record: p. 971.
Estado de New York, Censo, 1855.
Estado de New York, Censo, 1860 Carmel. Ebenezer Kelley 60 NY farmer; Francis E. 35 NY banker.

Drew, Daniel (1797-1879) of Carmel, NY established in New York the banking firm of the Drew, Robinson & Co. He founded the Drew Ladies Seminary of Carmel and the Drew Theological seminary of Madison, NJ.

Ebenezer, Kelley President of the Bank of Commerce, Carmel, NY. Cashier Francis E. Kelly, Capital $87.800 (The Bankers Magazine, Volumen 18) Francis Edward Kelley, (b. April 11, 1825; d. Oct. 31, 1864).

Estado de New York, Censo, 1900 (Home for old men and aged couples widowed He was 78). En el censo de 1900, tenía 78 años y vivía en una residencia para ancianos y viudos en Nueva York. (Ancestry Library Edition).

Guhl, Ernesto, 1915-2000,Schumacher, Hermann, A: Codazzi, Un Forjador de la Cultura.
http://www.banrepcultural.org/blaavirtual/geografia/codaz/codaz11.ht
"Pedigree Resource File," database, FamilySearch (https://familysearch.org/ark:/61903/2:2:941L-Y4H: accessed 2014-12-11), entry for Frederick M. Kelley, submitted by lbarrett2764472.

Kennish, W. CE; Kelley, FM. Esq: Map of the Isthmus of and Valley of the Atrato, Showing the Interoceanic River Aqueduct, Sheet VI, 1853, J. Royal Geographic Soc, 26.

Kelley, Frederick M. On the Junction of the Atlantic and Pacific Oceans,and the Practicability of a Ship Canal without Locks, by the Valley of the Atrato. Ed by Charles Manby, London 1856.

Kelley, Frederick M. On the Junction of the Atlantic and Pacific Oceans,and the Practicability of a Ship Canal without Locks. London: Printed by W. Clowes and sons, 1856.

Kelley, F. On the practicability of uniting the Atlantic and Pacific Oceans by the Atrato and Truando Rivers. 1855 *(Traducción de Jaime Gómez González y Claudia Gómez Baldwin).*

Kelley, FM: Explorations Through the Valley of the Atrato River to the Pacific Ocean, in Search of a Route for a Ship Canal. J. Geograph Soc London, 1856; 26: 174-182.

Kelley, Frederick M. Projet d'un canal maritime sans écluses entre l'océan Atlantique et l'océan Pacifique à l'aide des rivers Atrato et Truando, Par F.M. Kelly de New York, précédé d'une introduction, avec une carte sur les différents projets de communication interocéanique proposés jusqu'à ce jour; par M. V.A. Malte-Brun; et suivi d'une lettre de M. Le Baron Alexander de Humboldt. Extrait des nouvelles annales des Voyages Janvier 1857 Paris. Arthus Bertrand éditeur. Libraire de la Société de Geography, 21 Rue Hautefeuille, 1857.

Kelley, Frederick M. Projet d'un canal maritime sans écluses entre l'océan Atlantique et l'océan Pacifique à l'aide des rivers Atrato et Truando, Société de Géographie Bulletin 1857; 14:75.

Kelley, Frederick M. The Union of the Oceans by Ship Canal without Locks, Via the Atrato Valley. New York, Harper & Brothers Publ. Franklin Square 1859.

Lane (James, C.) Report of James C. Lane (Civil Engineer) on the practicability of uniting the Atlantic and Pacific Oceans by the Atrato and Truando Rivers. New York 1855.

Nouvelles annales des Voyages 1857; 15:109

Malte-Brun, VA: Du projet de communication interocéanique par l'isthme de Darien. Societe de Geographie Bulletin 1857; 13:479.

MLA format: "**ADDRESS OF MR. KELLEY.**" *New York Times (1857-1922):* 2. Mar 02 1880. *ProQuest.* Web. 2 Jan. 2015 .

APA format: **ADDRESS OF MR. KELLEY.** (1880, Mar 02). *New York Times (1857-1922)*Retrieved from http://ezproxy.fau.edu/login?url=http://search.proquest.com/docview/93824314?accountid=10902

Cortesía del Sr. Ken Frankel, Head, Reference & Instructional Services. S.E. Wimberly Library, Florida Atlantic University, Boca Ratón, Florida, USA.

The National Encyclopedia of American Biography Vol 11 JT White 1901

El libro de Kelley fue conocido por Agustín Codazzi y por el padre de la Geografía Colombiana, General Francisco Javier Vergara y Velasco, pero desde entonces había estado escondido en las bibliotecas extranjeras hasta hace poco cuando la Compañía Google lo puso en forma digital en su sección de libros.

Llega esta información de un canal sin esclusas en territorio Colombiano, que se puede hacer, como propuso Kennish, cruzando la Serranía del Baudó con dos túneles para el paso de los buques. La distancia a recorrer es solamente de 26 kilómetros que separan el Océano Pacífico de los ríos de la vertiente del Atlántico.

Este proyecto que requiere prioridad máxima del Presidente de Colombia, fue aprobado por ley 53 de 1984. Se han escrito cerca de 300 artículos sobre el tema y desafortunadamente nadie se ha preocupado de hacerlo realidad. Ahora que se cumplió el I centenario de la inauguración del Canal de Panamá, el V Centenario del descubrimiento del Mar del Sur por Vasco Nuñez de Balboa, las gestiones avanzaban con rapidez en Nicaragua para hacer el canal a través de ese país, donde se necesitan 17 pares de esclusas y está en territorio volcánico que ha destruido a Managua en 1931 y 1972.

El Canal Interoceánico de Colombia es una prioridad para el país: la Escuela de Ingenieros Militares de Colombia puede hacer el anteproyecto basado en los planos levantados a escala 1:25.000 por el Instituto Geográfico Agustín Codazzi en 1964. Deben hacer estudios de suelos del Truandó y de la Serranía del Baudó que no se han hecho y conseguir los que ya se hicieron en el Atrato.

Los miembros del Comité Nacional pro construcción del Canal Interoceánico de Colombia han fallecido todos con excepción de Alberto Mendoza Morales quien se acaba de retirar de la Presidencia de la Sociedad Geográfica de Colombia.

El Instituto de Infraestructura debe proceder a conseguir los estudios realizados por el antiguo Ministerio de Obras Públicas, que debieron costar varios millones de dólares. Colombia necesita de su canal para salir del subdesarrollo.

Finalmente deseamos proponer que se vuelva a dar el nombre de Santa María la Antigua del Darién, al puerto sobre el Golfo de Urabá y de Nueva Granada al puerto sobre el Pacífico. Está en manos de esta generación, hacerlo!

Extractos de la traducción del libro de Federick M. Kelley
Canal Interoceánico de Colombia, via Atrato-Truandó

Historia de la exploración de la posibilidad e importancia de un canal para buques para conectar los Océanos Atlántico y Pacífico.
Desde el comienzo del viaje, incluyendo las instrucciones del Sr. F.M Kelley, al Sr William Kennish, Ingeniero Civil. Informe de la exploración del Sr Kennish con las planchas correspondientes y un artículo sobre la teoría de las mareas -- Informe confirmatorio del Sr R.W. Serrell, Ingeniero Consultor y reporte de la importancia del canal en relación con el comercio mundial.
Nueva York, Nesbitt, 1855. Informes, etc.

Instrucciones a un Ingeniero Civil Nueva York, 2 de noviembre de 1854
Sr. Ingeniero Civil, William Kennish
Estimado Señor:
Me complace formar una expedición con el objeto de explorar la ruta de un canal para barcos en la Nueva Granada, para lo cual debe encaminarse a Panamá, vía Asinwall, en el próximo buque. En Panamá, alquile un barco que en su juicio sirva para el mejor propósito y siga al sur por la costa con el objetivo de descubrir un buen puerto en la vecindad de la latitud 7° Norte.
Después de encontrar una bahía que pueda acomodar los buques más grandes, haga un levantamiento hidrográfico del sitio, anotando especialmente si hay necesidad de mejoras para convertirlo en un sitio completamente seguro en cualquier circunstancia.
Cuando viaje al sur por la costa, observe cuidadosamente la cadena montañosa e identifique un paso en dicha cordillera.
Desde la bahía (si tiene la fortuna de encontrar una) continúe hacia el Este hacia la cumbre de la Serranía, y busque la línea por donde se pudiera cortar a tajo abierto, sin esclusas, para un canal de buques para conectar las aguas del océano Pacífico con el río Atrato, cerca de su confluencia con el río Truandó en latitud 7°N, 77º de longitud Oeste de Greenwich.

Las exploraciones que se han hecho hasta ahora de mi peculio y otras hechas por viajeros distinguidos, indican que la parte más alta en esa dirección es muy baja; con el objeto de establecer el paso más bajo --llegando a cruzar la Serranía entre las aguas de la vertiente del Pacífico y las del Atlántico que desembocan en el río Atrato en dirección opuesta del trazado.

Cuando determine el punto más bajo de la Serranía, proceda haciendo su exploración. Es importante que cuando encuentre y señale aproximádamente la dirección del trazado, lance una línea de tránsito y mídala cuidadosamente y trace todas las irregularidades del terreno usando el nivel en la forma usual.

Cuando cruce la línea divisoria, en el mejor lugar prosiga hacia el río Atrato por la ruta más conveniente, y luego baje hacia el océano Atlántico, continuando su examen de dirección, corrientes, sondeos de profundidad, etc, etc.

En la desembocadura del Atrato haga los exámenes necesarios para localizar un puerto. Lo más importante de este levantamiento es establecer aproximadamente el costo de un corte abierto, sin esclusas, de océano a océano, con una profundidad mínima de diez metros al máximo de la marea baja y suficientemente ancho para pasar dos de los buques flotantes más grandes. Ud. llenará los detalles de este examen con referencia a éste requisito.

Todos los detalles de su tiempo y circunstancias le permitirá registrar el clima, productos naturales de todas clases del país. Se requiere atención especial para evaluar las condiciones sanitarias de la región.

Como esto es de la mayor importancia, debe llevar todos los instrumentos y aparatos que requiera para obtener datos precisos.

Informe de tiempo en tiempo cuando haya oportunidad y cuando haya terminado, regrese por favor a Nueva York tan pronto sea posible.

Le incluyo cartas de crédito y de presentación para facilitar la realización de esta empresa.

Deseo salud a Ud. y a su expedición y un felíz regreso, y confío en su habilidad, energía y dedicación.

Atentamente, F.M.Kelley

La Unión de los Océanos por un Canal a Nivel, sin Esclusas por el Valle del Río Atrato.
Por Frederick N. Kelley
New York, Harper Bros,1859
Informe del Ingeniero Civil William Kennish
Sr. F.M.Kelley,
En cumplimiento de sus órdenes de viaje a la Provincia del Chocó, en la República de la Nueva Granada, Suramérica de fecha 2 de noviembre de 1854, para explorar la ruta para atravesar la cordillera desde 7° de latitud Norte en el Pacífico a 77° de Longitud Oeste de Greenwich, en el río Atrato con el propósito de localizar la ruta para un Canal Interoceánico de buques, sin esclusas, tengo el honor de informar:

Acompañado por mi primer ayudante, el Sr. Capitán Norman Rude, nos embarcamos en el vapor George W. Law con destino a Asinwall el 6 de noviembre de 1854 y llegamos el día 14 del mismo mes. Cruzamos el Istmo y llegamos a Panamá la noche siguiente en donde nos encontramos con mi segundo ayudante el Dr. RG Jameson.

Diciembre 10 de 1854. Nos embarcamos para la isla de Tobago y llegamos al día siguiente. Allí nos detuvimos para hacer las reparaciones y modificaciones necesarias al bongo que compramos para el viaje por la costa hacia el Sur.

Diciembre 13.- Zarpamos a la 1 am de las Islas de las Perlas que están en nuestro camino, hubo viento ligero.

Diciembre 14.- Navegamos toda la noche y llegamos al pueblo de San Miguel en la isla del mismo nombre (una de las Islas de las Perlas), el clima estuvo claro y agradable.

Diciembre 15.- En San Miguel, los días 16, 17 y 18 estuvimos ocupados en el viaje de las Islas de las Perlas a Bocachica, la menor de dos bocas que conecta el Puerto de Darién con el golfo. El 18 desembarcamos en Palma un pueblo o villa de cinco casas construídas de caña, situadas dentro del Puerto de Darién.

Diciembre 19.- A las 2 pm llegamos a Chapigana y desembarcamos en la residencia de los Señores Hossack y Nelson. Aquí el alcalde y el juez del pueblo vinieron a ofrecer sus servicios y a darnos noticias favorables relacionadas con la región entre el río Juradó y el río Atrato.

Estabamos preocupados por un posible ataque de los indígenas de San Blas, quienes detestan a los extranjeros desde la maladada expedición del Virago comandada por el Teniente Strain de los EEUU.

La razón para visitar éste sitio fue conseguir la ayuda del Sr. Nelson y de uno o dos marineros expertos en la costa del Pacífico entre el golfo de San Miguel y el río Juradó. Para este viaje se requieren pilotos hábiles, pues la costa es rocosa y abrupta, hay numerosos arrecifes, acantilados y fuertes corrientes. A medio dia el termómetro marcó 27°C.

Diciembre 22.- Contratamos dos marineros uno para todo el viaje, el otro solamente hasta Garachina. El Sr. Nelson también estuvo de acuerdo en acompañárnos. Nuestro cocinero desertó pero fue devuelto por el Alcalde.

Regresamos de Chapiganá y a Palma en la tarde y encontramos muy fuerte la corriente de la marea.

Diciembre 23.- Salimos de Palma para Garachina pasando por Boca Chica; cruzamos éste paso angosto e importante, nos encaminamos a Garachina y llegamos a las 5:30 pm.

Aquí supimos que era imposible conseguir marineros hasta después de Navidad, por lo cual estuvimos en ese sitio hasta el 27.

Diciembre 24.- Tomamos la altitud, etc. para establecer la longitud de Garachina.

Diciembre 27.- Contratamos un piloto y otro para reemplazar al que nos dejó en Garachina.

En Garachina notamos una alta cadena de montañas, una inmediatamente detrás del poblado, asciende hasta 915 metros. De éste punto la Serranía continúa hacia el sur siguiendo la costa hasta Puerto Piñas, en donde poco disminuye de altura.

Diciembre 28.- Nos hicimos a la mar para rodear el Cabo Garachina. Temiendo no tener suficiente agua a bordo, nos detuvimos en Puerto Escondido, un pequeño puerto de botes muy inaccesible, con una boca estrecha a través de la cual hay una corriente intensa que se hincha y forma olas grandes.

Despues de anclar dentro del puerto, encontramos agua excelente y pasamos una noche magnífica en las hamacas colgadas de los árboles.

Diciembre 29.- Nos embarcamos de nuevo con viento suave e incierto que nos obligó a anclar toda la noche. Existen pocos sitios en esta latitud del Pacífico donde haya un buen sitio para anclar. La costa hasta Garachina es rocosa y con poca playa. Las colinas empiezan desde la orilla del mar hasta los picos más altos y están cubiertos de bosques densos, raramente atravesados por seres humanos. Esto es cierto de toda la costa desde Punta Garachina a Puerto Piñas y de ahí hasta Punta Ardita.

Con excepción de Puerto Piñas, en esta región costera no hay otro fondeadero suficientemente profundo para buques de mayor tamaño, sólo para pequeñas embarcaciones de cabotage. Puerto Piñas sin embargo es la excepcion, tiene mayor tamaño y vale la pena describirlo como lo haremos más adelante.

Diciembre 30.- Llegamos a dos y medio kilómetros de distancia de la entrada de Puerto Piñas pero tuvimos que anclar por los vientos cruzados, situación peligrosa. Estuvimos expuestos a la resaca que amenazaba arrojarnos hacia la playa.

Diciembre 31.- Levamos anclas al amanecer y después de cuatro horas de luchar contra la corriente, entramos a Puerto Piñas, en donde hay varias rocas sueltas que marcan muy bien la posición del puerto.

Entramos al puerto a las 8 am y navegamos cerca de las rocas de la margen norte hasta llegar a la desembocadura del río que fluye de la alta sierra que limita la vista hacia el interior. Cuando atracamos, el termómetro marcaba 31ºC. Hicimos rápidamente un refugio en el brazo de arena entre el río y la bahía.

En la boca el río tiene tres kilómetros de ancho y se extiende hacia adentro, hacia la corona de la bahía por cerca de ocho kilómetros. Está rodeado de montañas densamente boscosas y asciende entre 150 y 300 metros de altura.

La sierra más lejana en el interior, parece tener entre 900 y 1.200 metros. La costa en ambos lados está cercenada por bahías que protegen a los buques de los vientos. Son estrechas pero con aguas profundas cerca de la costa.

El río Piñas no tiene una corriente muy importante pero está sujeto a crecientes rápidas, durante una de las cuales nuestro bongo fue arrastrado y con gran dificultad pudimos impedir que fuera llevado a la bahía.

La playa que rodea la corona del puerto es suave con un declive poco pronunciado, pero debido a la resaca recibe olas fuertes que hacen hasta peligroso desembarcar aún en botes pequeños. El único sitio para desembarcar es en la boca del río o en varias rías o estuarios sitiados en las costas del Norte y Sur de la bahía.

Enero 1 de 1855. Empezamos con el Dr. Jameson a las 8.30 am y caminamos hacia la corona del puerto, para subir a la colina. Nos acompañaban el piloto y los marineros con machetes para abrir un sendero. Después de caminar cinco kilómetros en la playa encontramos una pequeña cascada de agua fresca. Desayunamos y empezamos el ascenso. Llevamos un barómetro, un termómetro y dejamos otros instrumentos con el Capitán Rude con la órden de marcar cada hora la presión atmosférica y la temperatura.

Cuando llegamos a la cima después de ascender la empinada cuesta de terreno resbaloso por la arcilla, observamos los instrumentos y encontramos que la presión atmosférica descendió 115 a 250 cms, indicando con la corrección de la temperatura, una altura de 150 metros.

Enero 2.- Tomamos los angulos de elevación para hacer los cálculos trigonométricos y confirmar la altura de la colina que subimos ayer, pero las cifras obtenidas fueron muy agudas y por consiguiente no satisfactorias.

Al ascender y medir la colina consideramos dos puntos:

1. Probar la exactitud de la observación barométrica comparándola con la trigonométrica.

2. Observar el panorama desde la cumbre. En este sentido quedamos defraudados por que el follaje es tan denso que no permite ver más allá de una corta distancia. Esta situación es igual en todas las regiones visitadas en nuestro recorrido. Por

consiguiente, todas las descripciones del terreno desde los montes de la Nueva Granada se deben recibir con escepticismo y desconfianza. En nuestra expedición a dicha región no tenemos información sobre la vista desde las cumbres de ese país.

Enero 3.- En Puerto Piñas conocimos a un residente de Juradó quien nos hizo una descripción magnífica sobre el trayecto entre este punto y el río Atrato.

Enero 6.- A las 7 de la noche salimos del puerto con brisa ligera e inconstante. Pasamos siete rocas aisladas que marcan el extremo sur de la bahía.

Enero 7.- Llegamos a Punta Ardita después de dos días de navegación difícil, izando las velas cuando había brisa y anclando cuando dejaba de ventear o había mal tiempo. La costa entre Puerto Piñas y Punta Ardita es escarpada, rocosa y peligrosa. Hay dos promontorios importantes, el que queda más al norte se llama Punta Marzo, más al sur está Caracoles. En la cercanía de esos puntos anclan canoas y piraguas. Punta Cocalito es otro de esos promontorios que queda a seis millas de Punta Ardita.

En Punta Cocalito comienza una gran bahía en donde desembocan el río Juradó, el Paracuchichi y otros riachuelos. Aquí se observa una depresión de la cordillera (de miles a cientos de metros) donde encontramos una ruta hasta ahora no explorada del Pacífico al Atlántico. Esta importante bahía termina hacia el sur en un promontorio llamado Punta Marzo. Tiene una extensión por lo menos 55 kilómetros con profundidad de 25 kilómetros desde la corona hasta la línea que une los dos promontorios.

La línea de la costa tiene tres playas grandes de arena, la primera de las cuales forma el arco de un círculo entre Punta Ardita y el río Juradó. La segunda sigue en línea recta de la boca del Juradó a la del Paracuchichipor más de 16 kilómetros. La tercera se extiende de la última nombrada hasta la desembocadura del río Coredó, una distancia de 25 kilómetros. Las olas de la playa se rompen en líneas contínuas en dichas playas. Desde la orilla, el fondo desciende en un declive gradual lo cual permite anclar a tres a cuatro kilómetros de la costa en aguas de 10 a 30 brazas de profundidad. El fondo es de arena y se va hundiendo lentamente al alejarse de la costa.

Fuera de las Puntas Ardita, Juradó y Marzo, hay rocas aisladas, pero fuera de esto, la bahía está libre de obstáculos.

En Coredó hay una indentación de la costa que sirve de fondeadero y puerto en donde buques grandes y pequeños se protejen de los vientos por 11 o 12 kilómetros afuera de la boca del Paracuchichi, cuya importancia será destacada más adelante. La costa entre Punto Ardita y Punto Marzo merece una descripción especial: hacia el mar está la playa sombreada de cocoteros, más adentro hay una zona de manglares atravesados por una red de canales naturales en donde la marea sube y baja mostrando la comunicación entre los ríos Juradó y Paracuchichi.

Después de esta zona, la superficie se eleva lentamente hasta una altura moderada que no excede unos sesenta metros. El resto de la región esta cubierta de árboles. De Coredó a Juradó y aún hasta Ardita no se puede ir a pie por la playa, excepto cuando la marea está alta y cubre los arbustos. Esta es la única parte de la cordillera en donde se observa una depresión. La costa requiere ser descrita en relación con el puerto donde debe terminar el canal. Hasta ahora no conocíamos la existencia de un puerto natural en esta región con excepción de Coredó.

"Fue necesario entrar por la boca del Paracuchichi a través de las corrientes para llegar a una amplia y protegida bahía oculta a la visión cuando optamos a lo largo de la península del Paracuchichi. Para resumir la narración de los sucesos, llegamos como ya dijimos a Punta Ardita y encontramos un fondeadero pequeño accesible solo para canoas y bongos. Desde aquí nuestro piloto nos mostró la entrada del río Juradó, a ocho kilómetros de distancia y manifestó que la corriente era menos fuerte para entrar, sin embargo a las 5 pm cambió de opinión y se encaminó a través de la bahía de Ardita hasta unos 90 metros de la desembocadura del río. Aquí anclamos y esperamo a que oscureciera. La profundidad era de ocho brazas."

Enero 8.- Salimos al amanecer y nos acercamos al Norte de la boca del río Juradó, pero la resaca era tan fuerte y poderosa que tratar de entrar sería una locura. El paso es muy estrecho de pocos metros de ancho y solo se puede acceder en algunas épocas. Hay rocas enormes que rompen las olas en espuma que se eleva y forma lluvia. Nos alejamos cerca de un kilómetro y medio y cuando pasamos la isla que separa las dos bocas del Jurado las cuales son planas en los dos extremos y se elevan cerca de 9 metros. La corriente era tan fuerte que impidió acercarnos a tierra y cuando llegamos a la boca del sur encontramos el mismo problema, por lo cual tuvimos que seguir por la costa desde Juradó hasta encontrar en donde desembarcar lo cual ocurrió cerca de Coredó. Allí encontramos un magnífico puerto como a las dos de la tarde.

Enero 9.- Coredó está deshabitado, las colinas se levantan bruscamente de la playa y están llenas de bosques desde la base hasta la cumbre de la montaña. Este día hicimos sondeos a través del puerto y a un cable de distancia de la costa y el resultado fue un promedio de tres brazas. Hacia el mar hay fondeadero para buques grandes con protección contra los vientos prevalentes.

Enero 10.- Localizamos los puntos más importantes entre Coredó y Paracuchichi en dirección Norte y NO por el Oeste. Por la noche contratamos los servicios de un piloto experto que vino desde Juradó a vernos. Levantamos anclas y cruzamos hacia la boca del Paracuchichi.

Enero 11.- Esta mañana con el experto piloto llegamos a la desembocadura del río, a nuestro fondeadero en Paracuchichi. La marea como de costumbre estaba alta y contínua, solo se podía pasar a través de los rompeolas y sin viento. Fue necesario confiar solo en los tres remeros. El piloto mantuvo la proa del bote en ángulo recto con la línea de las olas, lo cual permitió el paso seguro pidiendo a los marinos hacer el mayor esfuerzo posible con voces y gestos para remar con vigor.

Pasamos los rompeolas grandes y después del cuarto llegamos a aguas tranquilas. Pocos minutos después estabamos flotando en la superficie del río que se deslizaba suavemente a través de un espacio nivelado cubierto por manglares de gran altura. Desde allí seguimos en canoas pequeñas pertenecientes a un residente nativo, hasta el pueblo de Eurachichi a donde llegamos a medio día, dejando el bongo atrás de nosotros para quitarle el mastil.

Llegamos al pueblo que tiene seis casas separadas sobre una ría suave y extensa y se extiende hacia el Noreste del Paracuchichi de cuatro a seis kilómetros de largo por 230 a 450 metros de ancho.

Vista desde la parte Sur, parece como un lago con superficie lisa protejida de los vientos del Pacífico por una península intermedia llena de cocoteros y otras plantas tropicales que crecen y tupen en forma tan densa que a menos que se siga un camino es imposible atravesarlas.

En el otro lado del estuario, la vegetación es más rala, consiste de manglares que aún cuando rara vez tienen mucho espesor, se distinguen por la gran dureza y durabilidad de la madera, esta puede servir sin duda para hacer pilotes en cualquier cantidad.

El estuario no se encuentra en ningún mapa, está situado a 6°37'32" N. La temperatura es fresca y agradable. No supimos de enfermedades, excepto de fiebres bajas y malestar entre los nativos de la vecindad. La temperatura oscila entre 29°C al medio día y 21°C por la noche. El barómetro entre 29 35-100 y 29 42-100. La marea más alta observada en Paracuchichi fue de 4 metros y la más baja de 3 metros.

El sondeo de esta ría con la marea baja oscila entre 2 y medio y tres brazas en la mitad del canal. El fondo es de barro y arena y se podría dragar fácilmente a cuaquier profundidad. Hacia el Norte la ría disminuye en anchura de 18 metros y los vientos son intrincados. En esta dirección se puede navegar en canoa por dos tercios de la distancia hacia Juradó, pero poco a poco el canal se angosta, se hace menos profundo y finalmente desparece en el cieno, lo cual no permite continuar navegando en esa dirección.

Cuando sube la marea las canoas pueden avanzar mucho más hasta encontrar un riachuelo que sale de un brazo al Sur del Juradó convirtiendo la península de Paracuchichi en una isla. La anchura de esta península varía poco a lo largo de sus diez millas de largo, el promedio de la distancia desde el estuario hasta el mar es de 270 a 450 metros. La superficie esta varios metros por encima de la marea más alta. Los nativos informaron que nunca que recuerden ha sido cubierto por el agua.

No vimos maderas flotantes o indicios semejantes de haber estado sumergido recientemente. Si a estas razones agregamos el hecho que en esta región del Pacífico no hay tormentas, llegamos a la conclusion muy importante que la península constituye una barrera permanente o rompeolas protegiendo del mar el estuario más bello y tranquilo. Parece casi hecho a propósito por la naturaleza para servir como muelle o puerto de gran importancia, adecuada en todos los aspectos para servir como terminal del Canal Interoceánico.

El oleaje que he descrito es un rasgo común a toda la costa del Pacífico de Suramérica; he notado su presencia en muchas partes excepto en los sitios protejidos por los vientos. Es más formidable en apariencia que en realidad, especialmente en el fondo del declive de las playas. Un bote con suficiente velocidad puede pasar con seguridad en cualquier momento al Paracuchichi, pero un bongo como el que tenemos es muy grande para ser movido a remo y corre el riesgo de naufragar. La línea de marejada se extiende hacia el mar unos 90 metros.

La manera de conectar la vía con el océano es cortando a través de la peninsula para obviar el inconveniente del oleaje (Ver plancha #3).

Antes de empezar la descripción de nuestra ruta hacia el Atrato, considero necesario señalar varias conclusiones importantes que se desprenden de la narrativa previa y observaciones desde la costa de Garachina hasta el promontorio de Punta Marzo:

1. La costa entre Punta Garachina y Punta Ardita es abrupta y montañosa, el interior aún más y contiene solo un buen atracadero en Puerto Piña, el cual a pesar de ser útil en algunos aspectos no tiene importancia en relación con el Canal Interoceánico.

2. La depresión de la cordillera que se observa entre Punta Ardita y Punta Marzo. En este sector la región pierde el caracter montañoso y asume la apariencia de una elevación gradual del terreno con colinas de poca elevación vistas desde la distancia.

Este espacio está limitado hacia el Norte por una cadena de montañas en dirección NE de la vecindad de Punta Ardita, al Sur está limitada por otro grupo de altas montañas que siguen un trayecto similar y terminan en Punta Marzo.

3. Debido al hecho que en la depresión de la cordillera he descubierto un estuario, que creo que no ha sido descrito hasta ahora, de gran amplitud y perfectamente protegido con capacidad para ser dragado a cualquier profundidad y conectado con el

océano. Considero que debe ser el extremo del Canal Interoceánico en el Océano Pacífico y que necesita relativamente poco trabajo para completarlo en todos los aspectos necesarios.

4. Por ser un sitio seguro para fondear a uno o tres kilómetros de esta ría es también un gran puerto de refugio para Coredó que queda solamente a 11 kilómetros de distancia en línea recta.

5. Debido que casi nunca esta costa sufre los embates de huracanes o ciclones, en este viaje y en ocasiones previas cuando he estado en esta zona, en canoas abiertas con la borda a poca distancia por encima del agua, nunca he tenido problemas de mal tiempo, tormentas o rachas de viento. Hay ráfagas de cierta duración que pueden ser un peligro para embarcaciones pequeñas y canoas, pero con la precaución de llevar la vela de la mano, esas ráfagas que duran menos de cinco minutos, no pueden causar peligro o inconvenientes.

Para confirmar estos hechos, es importante anotar que la pérdida de una canoa o de otro bote en esta costa es muy rara a pesar de que el ancla usada por los marinos es solamene una piedra grande con un cable hecho de bejucos o lianas, abundantes en los bosques de la Nueva Granada.

Embarcaciones equipadas de esta forma y al mismo tiempo conducidas sin destreza como lo son por lo regular, pueden estrellarse contra las rocas o ser empujadas hacia el mar como puede suceder, pero la falta de tormentas en esta región de la costa lo hace improbable. Una tormenta con vientos huracanados es capaz de arrastrar un buque con el ancla pero esta posibilidad no existe en esta región.

Los vientos de la costa del Pacífico son periódicos: soplan del Sur entre marzo y septiembre y del Norte de septiembre a marzo. Durante todo el año el viento calma entre las 6 de la tarde y las 10 de la mañana. A esta hora comienza una brisa suave que generalmente se calma o concluye a las 6 pm.

En consecuencia, una embarcación una vez remolcada mar afuera, puede depender de la brisa con lo cual alcanza los vientos alisios y llega a su destino en poco tiempo. Considerando todas estas premisas, la capacidad manifiesta del estuario del Paracuchichi, la existencia de un excelente fondeadero para anclar y salir al mar y a Coredó en cercanía inmediata hace que este estuario sea de la mayor importancia para uno de los extremos del Canal. La abundancia de madera dura en la vecindad y la ausencia de tormentas en esta porción de la costa y envalentonados por toda la información que pude obtener de esta región y del interior del país, he decidido hacer arreglos para cruzar desde este sitio hasta el Atrato por la ruta más baja que pueda encontrar.

Enero 14.- Acompañado por el Dr. Jameson y el Sr. Nelson fuimos a Juradó para tratar de hablar con algunos residentes sobre la ruta posible a través del

Paracuchichi al Atrato y también para obtener peones para el viaje. Nuestra ausencia duró dos días y observamos la dos bocas, las curvas y otros detalles del río. La desembocadura del Juradó fue relatada anteriormente como posible terminal del canal.

Teniendo en cuenta la importancia de esperar varios días para conseguir los peones necesarios en Juradó, puse toda la confianza en la persona encargada de conseguirlos y de hacer los arreglos por nosotros, esperando con paciencia hasta cuando nos informaran estar listos para partir.

Enero 21.- Dejamos el Rancho de Paracuchichi a las diez de la mañana acompañados del Dr. Jameson y del Sr. Nelson con nuetro guía, y con los peones, para remar las dos canoas y llevar el equipaje. Dejé al Capitan Rude en Paracuchichi con órdenes de continuar las observaciones barométricas a ciertos intervalos y para vigilar el resto del equipaje más pesado y valioso, incluyendo dinero y provisiones con las cuales debería seguirnos tan pronto le informáramos la posibilidad de cruzar el Atrato por esta ruta.

Dos de los peones de más confianza fueron encargados de llevar los instrumentos de topografía. Cruzando la ría en dirección SE nos dirijimos hacia la boca del un riachuelo que desemboca cerca de un kilómetro y medio de la ría del Paracuchichi. Encontramos la boca obstruida por una barra de arena; más adelante se supone que la corriente más lenta sigue una vía tortuosa de unos 18 metros de ancho encerrada por bosques de manglares que generalmente cubren los espacios cercanos a la costa. Encontramos unos cuantos árboles caídos que retardaron nuestro viaje. A cada lado de la quebrada había aluviones fáciles de excavar.

Las mareas más altas llegan hasta 3 kilómetros de la boca del estuario. Las orillas son de aluvión pero no hay manglares. Hay grandes espacios cubiertos de bananos, la fruta de la cual dependen los nativos, que crece con profusión.

Desde este punto el río se hace menos profundo con el fondo cubierto de arena y piedrillas hechas de arcilla. En esta parte hay seis rápidos que oscilan entre 15 y 45 centímetros de altura y se estima que en total tienen 1.80 metros de altura. A dos kilómetros más allá de la marea, encontramos la boca de un tributario llamado Pié de Nequa. Allí a unos 45 metros de la desembocadura nos detuvimos a las tres de la tarde para pasar la noche y construir el Rancho # 1.

Habia empezado a llover y siguió toda la tarde y la noche ocasionando aumento de varios centímetros de la corriente. La direccción general del Paracuchichi al Rancho #1 es NE.

Enero 22.- El Rancho # 1 está situado sobre una lengua de tierra formada por una curva del Pié de Nequa. Medí con el nivel la altura del río en puntos opuestos, arriba y abajo y encontré una diferencia de 80 centímetros. La velocidad de la corriente es de 16 metros por 14 segundos en un rápido pequeño y de 3.5 metros por 14 segundos en un sitio de agua tranquila.

Las orillas de tierra tenían entre 3 y 6 metros por encima del nivel del río y eran de arcilla. Solamente en un punto encontramos roca que no sobresalía del agua. La profundidad del agua era cerca de un pie, de manera que se podía vadear con facilidad. Otras dos medidas del flujo de la corriente dieron 8 metros/14 segundos y 3 metros/14 segundos. La distancia medida desde esta parte de nuestra ruta fue de 915 metros. Habíamos llegado a la confluencia de un pequeño afluente del Pié de Nequa en un lugar llamado por los nativos "Dos Bocas".

Aquí abandonamos la boca del Pié de Nequa y seguimos la cresta de una colina rodeada por dos rios y continuamos en dirección NE. El ascenso de la colina fue gradual con depresiones ocasionales y de cada lado, separadas solo por un palmo. Había cañadas de 6 a 9 metros de profundidad. La temperatura era de 29°C a las 11 am. Estábamos a una distancia de 125 metros de Dos Bocas.

La cresta descendió desde este punto y cayó hacia una quebrada que cruzaba nuestra vía y marcaba el fin de una serie de colinas alargadas, de altura moderada, compuestas de arcilla, que se extienden en dirección NE a pocos kilómetros del Pacífico hacia el Valle del Nequa.

Después de cruzar la quebrada que fluía hacia el valle, a la diestra de nuestra ruta subimos a una colina alargada en forma de bala de heno, mucho más baja que las anteriores. La seguimos bajo fuerte lluvia hacia el NE, hasta un sitio en donde decidimos pernoctar.

El lugar está situado en la boca del río Chupipi y está designado en el manual de campo como Rancho #2. (Ver plancha en donde la línea interrumpida muestra la cresta y en donde se trazó la línea de nivel y la terminación de la línea perpendicular de puntos que muestra el fondo de dicho valle).

La distancia medida entre estas dos bases fue de 1.5 kilómetros a la quebrada y de 870 metros de ahí al Chupipi. A la 1 pm el barometro marcó 29 20-100 y el termómetro 26°C.

El Chupipi cruza la línea del canal, fluye desde el Norte y sigue hacia el Sur Oeste para unirse con el Paracuchichi. Su pequeño tamaño no impide la construcción del canal, pero será un valioso afluente. La anchura promedio es de 6 metros con una profundidad media no mayor de 60 centímetros. El fondo es de piedritas y hay rocas estratificadas de arcilla, inclinándose 20° hacia el NE. Las riveras son altas sobre el nivel del agua y están densamente pobladas de árboles de 18 a 20 metros de altura.

Los espacios marginales de suelo aluvial se encuentran con frecuencia en los ríos del país y son más importantes para la población pues requiere muchos obreros para recoger los bananos y otros alimentos.

Enero 23.- Permanecimos en el Rancho #2 esperando el mensaje del Capitán Rude. El mismo día el grupo del Rancho del Chupipi empezó a las 7 am. La temperatura 26°C. Después de pasar el espacio del suelo del aluvión, empezó el ascenso a otra colina de la misma forma que las otras que habíamos atravesado previamente, conservando la dirección NE por el lado derecho del valle.

A las 9 am en la cresta de la colina, el barómetro marcó 28 82/100 y la temperatura 25°C. Aquí la ruta continúa al Este por el Norte. La arista es muy estrecha y se podían escuchar las aguas del Chupipi en el fondo del cañón a la izquierda, cayendo en una cascada. A las 10:45 am hubo una fuerte tormenta de rayos y lluvia de corta duración. Continuamos nuestro viaje subiendo y bajando siguiendo la cresta hasta que bajamos rápidamente hasta una quebrada

en donde levantamos el Rancho # 3 a cuatro kilómetros al NE del Rancho # 2.

Empezó a llover de nuevo muy fuerte toda la tarde y la noche con truenos y relámpagos. El barómetro estaba en 26 60/100 y la temperatura 25°C. La pequeña quebrada del Rancho # 3 tiene solo un metro de ancho con orillas altas de arcilla y fondo fangoso. Durante las lluvias lleva gran cantidad de agua al canal y se usará como afluente. Las colinas y hondonadas están llenas de bosques bien densos.

Tengo que hacer énfasis de nuevo, que pasando sucesivamente sobre las tres colinas de arcilla, hemos observado un valle continuo de gran profundidad en nuestro lado derecho. Mirando con cuidado para estar seguro que no había colinas que atravesaran la línea del canal o hubiera otros obstáculos a través del valle y me parece que no encontramos ninguno.

También deseo recalcar otro punto importante. Aún cuando dormíamos todas las noches a campo abierto, protegidos de la lluvia bajo el techo de hojas de palma construídas por nuestros peones en media hora, nuestra cama consistía en cobijas de caucho de la India extendidas sobre hojas de palma y nadie se enfermó.

Enero 25.- Dejamos el Rancho # 3 a las 9 am y subimos otra colina en forma de bala de heno formada como las otras de arcilla blanda. En algunos sitios la arista era muy angosta, era semejante a las anteriores pero menos alta. Su curso NE a 11 y medio metros del río Chupador que cruza por el NE.

El Chupador es tributario del Paracuchichi. Tiene 1 metro de ancho, 15 a 20 centímetros de profundidad, con riberas de arcilla y fluye hacia el SO con poca corriente.

Luego volvimos a escalar otra colina hasta llegar a un árbol gigantesco comparado con los otros de tamaño mediano pero de gran altura. De ahí continuamos en la misma dirección y encontramos otro riachuelo que llegaba al Chupador. Esta fue la última traza de agua que cruzamos de la vertiente del Pacífico.

Continuamos ascendiendo por una serie de colinas de pequeña altura con una meseta en la parte superior. Al lado izquierdo hay un valle por el cual fluye el Hingador tributario del Nequa, por consiguiente, el primero de la vertiente del Atlántico. El valle del Hingador está separado del valle de nuestra mano derecha que drena al Pacífico por la alta colina que íbamos cruzando. La distancia entre los dos valles es de menos de 40 metros.

Bajando gradualmente hacia el NE cruzamos dos tributarios del Hingador y llegamos a un gran brazo de este río en la unión con uno de sus afluentes que ya mencionamos y allí levantamos el Rancho #4.

Toda la tarde llovió intensamente y continuó hasta media noche. No se observó crecida del riachuelo. Barómetro 28 6/100. Este brazo del Hingador es un riachuelo claro y agradable de medio pie de profundidad,2 metros de ancho, lecho de piedrecillas que fluye hacia el Oeste con moderada corriente.

Debo señalar que del último rancho seguimos viendo el valle a mano derecha, pero debo indicar que cerca del Hingador el terreno se hace más intrincado y hay varios ramales que salen del centro en diferentes direcciones. Dos forman un cañón por el cual desciende el Hingador al Nerqua por una serie de cascadas, la primera de las cuales tiene una altura de 49 metros, las otras siete tienen en promedio entre 1 y 7 metros.

Esta formación geológica requiere una curva de la línea del canal para llevarlo a nivel del Nerqua. La longitud del cañón del Hingador desde la catarata hasta el Nerqua en línea recta es de menos de dos y medio kilómetros.

Una línea paralela al valle en donde se propone la curva del canal (el valle de mano derecha menciondo anteriormente) hasta la boca del Hingador podría extender un poco la distancia.

Enero 26.- Salimos del Rancho # 4 a las 9 am, cruzamos sucesivamente dos curvas del tributario y luego el canal principal del Hingador que encontramos crecido y enlodado por la lluvia nocturna. Un árbol caido a través del río nos sirvió de puente para atravesar la corriente que era muy fuerte y profunda para vadearla. El fondo era rocoso, formado por capas de pizarra gris. Desde el Rancho # 3 hasta este cruce, la distancia es de 1517 metros, pero como esto no está dentro de los límites del cauce, no entraré en detalles.

La catarata está a corta distancia por debajo del cruce y en condiciones favorables de la atmósfera se puede escuchar fácilmente. Desde este punto, continuamos la jornada por otra colina elongada en el valle del Nerqua, el pie está cruzado por una quebrada pequeña y rocosa que va hacia el río.

Los peones consiguieron dos canoas pequeñas de un indígena habitante del Nerqua y en ellas viajamos un kilómetro y medio hasta la casa del propietario, en cuya vecindad en un punto situado a un kilómetro desde la desembocadura del Hingador erigimos el Rancho # 5.

Aquí fue necesario esperar la llegada del Capitán Rude de Paracuchichi con el resto del equipaje y las provisiones. De aquí continuamos el viaje hacia el Atrato por el Nerqua y el Truandó.

Posteriormente nos dimos cuenta que las canoas de los indígenas eran muy pequeñas para llevar el equipo por lo cual fue necesario construir una de mayor tamaño.

El Nerqua tiene un ancho variable con promedio de 18 metros. Los vados son numerosos y llega a las rodillas; las lagunas intermedias alcanzan 1.80 metros. El flujo es de tres kilómetros por hora. El agua como la de todos los ríos que cruzamos es dulce, fresca y saludable. Fluye a través de un amplio valle aluvial, finamente bordeado por bosques muy fértiles, con capacidad de ser cultivados para producir alimentos para una población grande.

Al llegar al Nerqua a las 11 y media am el barómetro marcó 29 25/100 y el termómetro 26°C.

Enero 31.- El Capitán Rude y el Sr. Nelson llegaron con el resto del equipaje de Paracuchichi haciendo la jornada en 9 horas, con los peones cargando el equipaje. En la noche una crecida del río elevó el cauce un metro, de manera que la playa de piedritas enfrente a nuestro campamento se inundó y antes del amanecer ya había pasado.

Feb 1. En compañía del Dr. Jameson, examinamos la boca del Hingador que tiene 650 metros. Una de las dos bocas permanece seca hasta cuando hay creciente, entre ellas hay un espacio triangular de tierra aluvial.

Febrero 2.- Un indígena que enviamos a ver a otro indígena que vive en el Truandó es el único habitante del río arriba o abajo del Nerqua (como pude saber después) regresó y dijo que la persona que queríamos (Juan Domingo) no podía venir a ayudarnos a bajar por el río Truandó porque estaba enfermo. Dijo además que nunca habia visto en el Truandó a un hombre blanco, mas arriba de las cataratas, o él lo hubiera sabido.

Febrero 5.-Cortamos un árbol para hacer una canoa grande y el indígena con uno de sus hijos y dos peones comenzaron a hacerla.

Febrero 7 y 8.- En estos días exploramos el Hingador desde la catarata hasta el Nerqua. Dos vueltas por debajo del cruce del árbol, el río se precipita verticalmente, cae sobre una repisa de arcilla unos 4.5 metros, luego se desploma en un angulo de 45° sobre grandes e irregulares rocas de color oscuro o negro, fuertes, duras hasta cuando alcanza el fondo del abismo.

La cantidad de agua, en condiciones ordinarias del río, es pequeña pero cuando crece, esta catarata debe tener un aspecto imponente por su gran altura.

Como mencioné, el río se despeña entre dos espolones o lomos formados en toda la profundidad del cañón por lo cual es necesario rodear la ruta para vadear el río y ascender frente a las rocas.

La altura de la cascada a cada lado del río oscila entre 20 y 90 metros de caida vertical. Está formada por rocas negras endurecidas como indicamos antes. Estas rocas tienen hendiduras que se pueden excavar fácilmente.

Solo en un lugar del cañón se observó deslizamiento de tierras: una masa de arcilla se había desprendido del pico de la colina del lado izquierdo y había arrastrado dos o tres árboles grandes hacia el fondo de la corriente.

En el cuarto inferior de la catarata hay fuentes de aguas termales con temperaturas de 43°C. Debajo de las termales, el valle se amplía en forma considerable; el curso del río se hace tortuoso, formando curvas con lenguas de tierra en las cuales la vegetación es exuberante y densa. Finalmente, entra en el Nerqua por dos bocas, una de las cuales permanece seca, excepto cuando hay crecientes.

Febrero 11.- Medimos la catarata del Hingador con una línea en la siguiente forma: longitud de la cumbre a la base 70 metros, ángulo de depresión 45°, la perpendicular resultante es de 50 metros.

Febrero 15.- Entramos en un arroyo o río que cae en el Nerqua, dos y medio kilómetros más abajo del Hingador y la seguimos por tres horas. Lo mismo que este último, se despeña por un cañón profundo entre dos aristas. Es casi del mismo tamaño que el Hingador. Luego, nos encontramos cataratas que tienen numerosos rápidos.

La distancia recorrida río arriba fue de dos y medio kilómetros. Es imposible subir por estos ríos porque están llenos de obstaculos naturales. Es más rápido ir dos kilómetro por hora a pie y son demasiado pandos para navegar aún con una canoa pequeña.

Examinamos otro cañón que se abre sobre el Nerqua cerca de nuestro campamento. Da paso a un riachuelo que en un lugar cercano cae a 30 metros de altura.

Nuestros trabajadores informaron que la canoa estaba lista y al inspeccionarla de cerca parecía de tamaño adecuado, liviana, hecha de cedro, por consiguiente, mejor para navegar ríos en los cuales los principales obstáculos son árboles caidos.

Alejandro y Domingo llegaron del Juradó y Paracuchichi con dos jóvenes y fuertes indígenas y con dos de los residentes del Nerqua nos proponíamos llegar al Atrato.

Febrero 16.- A las 9 y media am comenzamos el descenso hacia la boca del Hingador en camino hacia el Truandó. El Nerqua, más abajo del primero, estaba un poco aumentado como puede verse en la tabla de interrupciones. Presenta muchos obstáculos como pasos poco profundos y árboles caídos.

Pasamos los siguientes tributarios que el río recibe por el lado derecho: a las 10:30 am el Chupachavi, el cual habiamos examinado el 14. A las 11:20 am el Pavarandó, al cual entramos por el lado izquierdo y tiene una corriente mayor que la del Hingador. A las 2:15 pm el Turniandó, un arroyuelo en el lado izquierdo.

Las riveras del río son aluviones con varios grados de arcilla endurecida, generalmente muy blanda, otras veces moderadamente dura y en todas partes perforada por cangrejos de tierra. Se observaron algunas capas de hojas entre láminas gruesas de arcilla. También numerosos depósitos de arcilla azul, usada por los nativos para orfebrería.

El curso general del río es NE. Llegamos al Rancho a las 4 pm. El tiempo que había sido magnífico en la mañana cambió y empezó a llover por la tarde. Barómetro 29 2/10, temperatura 26°C.

Febrero 17.- Empezando en el Rancho # 6 a las 6:45 am, las fuertes lluvias de la noche aumentaron el caudal del río un pie, pero ya había descendido en la mañana. El lecho del río está formado por losas de arcilla rocosa. A las 7:10 am barómetro 29 27/100 y la temperatura era 24°C. Solo hay pocos obstáculos en esta parte del río, la corriente es lenta y regular en largas extensiones, la profundidad es de un metro. A las 7:20 am cruzamos la boca del O'Odor u Oodor en la margen derecha de un canal de una cuarta parte del tamaño del Nerqua que entra por el Noroeste.

A las 8:30 am llegamos a la confluencia del Nerqua con el Truandó, la dirección del primero Este por Norte. Barómetro 29 3/10, temperatura 29.5°C. Mientras esperábamos, el barómetro subió a 29 34/100.

En la confluencia encontramos que tiene 1.5 metros de profundidad y 32 metros de ancho; fluye entre riveras aluviales, bancos que se elevan 2.5 metros por encima del río y están cubiertos de vegetación por todas partes. Parece un tercio más grande que el

Nerqua en la parte más baja de su curso. Lo mismo que en este río, los bancos son solitarios, habitados solo por un indígena y su familia. Fluye lentamente, 18 metros por 35 segundos. El lecho consiste de fragmentos de rollos de arcilla.

Los depósitos asociados similares a los del curso del Nerqua, más o menos con la misma proporción de piedrecillas de cuarzo o de piedras de arcilla con vetas de cuarzo.

Dejamos la confluencia del Nerqua y del Truandó a las 8:45 am y a las 10:20 am, después de atravesar algunos trayectos suaves del río con un metro y medio de profundidad, fondo de baldosas de roca estratificada inclinada en ángulos agudos, llegamos al primero de una serie de saltos o rápidos que constituyen la mayor dificultad, o peligro que encontramos bajando por el Truandó.

Nuestro personal gastó 5 horas y 20 minutos en cargar el equipaje y las dos canoas a través de los cuatro rápidos. La operación fue laboriosa pero necesaria para descargar las canoas tres veces y llevarlas por tierra por los lugares más peligrosos; para levantar las canoas especialmente la más grande, se necesitó gran esfuerzo y cuidado para evitar que se rompiera contra las rocas.

El valle por donde transcurre este río es muy angosto y en los dos lados hay precipicios de rocas no estratificadas.

Al pie del cuarto salto levantamos el Rancho #7 sobre una roca cerca del río y a suficiente altura para prevenir que fuera inundado por la creciente. El barómetro se mantuvo a las 7 pm en 29 22/100 y la temperatura en 25.5°C.

Entre el segundo y tercer rápido, el río recibe un afluente por el lado derecho, de poco tamaño,1.2 metros de ancho y solo 2.5 centímetros de profundidad. Barómetro 7:30 pm 29 25/100, temperatura 25.5°C.

Febrero 18.- A las 8 am cruzamos el río en la canoa grande poco más arriba del quinto rápido y bajamos junto a las rocas de la orilla por cerca de un kilómetro. En este sitio, hay una curva rectangular y llegamos a la cascada principal de 8 metros de altura. Llovía intensamente, mientras el personal se dedicaba a la difícil y peligrosa operación de desocupar las canoas, cargar el equipo por tierra hasta el pié del rápido y luego deslizar las canoas sobre tablones, labor en la cual participaron todos los miembros de la expedición. Después de la catarata principal, pasamos otros tres rápidos de igual manera. A las 5 pm, terminamos el trabajo sin perder o dañar ningún artículo.

Debo dejar constancia de la manera con que se hizo este trabajo por Alejandro y los indígenas quienes recibieron nuestra alabanzas y agradecimientos de todo el grupo.

El barómetro en el Rancho # 8 a las 6 pm 29 30/100. Estimé con el nivel, la altura de la catarata y obtuve 8 metros. Lo mismo con el barómetro. En la parte principal del último rápido, el río recibe otro afluente por el lado izquierdo.

Febrero 19.- Hoy tuve la intención de continuar bajando por el río pero fuertes lluvias lo hicieron crecer 1 a 1.5 metros; el canal es muy angosto y rocoso. Alejandro no consideró prudente aventurarnos a pesar de que después de la curva siguiente, el río estaba completamente tranquilo.

Febrero 20.- Anoche pasó la creciente, regresando el río a su profundidad normal. Después hubo una tormenta de rayos y truenos y esta mañana estaba más crecido que antes y con gran cantidad de madera flotando entre las aguas. Durante nuestra permanencia en este Rancho, el barómetro marcó 29 25/100 a 29 40/100.

Febrero 21.- El caudal ha bajado y a las 6 am dejamos el Rancho # 8 y en pocos minutos se terminó la parte escabrosa del cauce para entrar en aguas tranquilas y amplias por donde fluye el Truandó después de los rápidos. A las 7:20 am, observé en la margen izquierda la baldosa estratificada de arcilla inclinada hacia el NE en un ángulo de 40°. Desde este punto, las orillas del río se vuelven planas y todas aluviales.

A las 7:30 am pasamos la desembocadura del río llamado Salida. En el lado opuesto a su boca hay una isla. El río Salida entra en el Truandó por la margen izquierda y fluye al SE. El Truandó pasa entonces por el llano aluvial del Atrato, sus margenes son todas aluviales y sin duda muy fértiles.

A las 7 am pasamos un brazo llamado Chuparador que forma una isla y a las 7:25 am pasamos otra isla. A las 11:30 am llegamos al comienzo de las Palizadas, una serie de islas que tienen origen en la acumulación de maderas llevadas por la corriente de las crecidas. Ramas del río se abren y cierran formando una red en este grupo de islas que se extiende por 6.5 kilómetros.

Al comenzar las palizadas, fue necesario arrastrar las canoas sobre la barrera de leños de varios metros de ancho, pero después de sobrepasar este obstáculo no encontramos ningún otro en nuestro descenso por el río excepto uno o dos arboles que tuvimos que cortar con el hacha para poder pasar.

A las 3:20 pm después de cortar el último árbol seguimos bajando sin otras obstrucciones hasta el anochecer. Nos detuvimos para pasar la noche en las canoas por que las orillas del río estaban inundadas. El ancho del río es de 23 metros con bosques densos a cada lado del cauce. Pasamos media docena de ranchos desocupados construidos por indígenas y otras gentes del Atrato que a veces viajan al Truandó en excursiones de caza o pesca hasta las Palizadas y a veces hasta los rápidos. La distancia recorrida durante el día, incluyendo las paradas, flujo de la corriente y volumen del paso de agua se muestran en la tabla anexa.

Febrero 22.- Dejamos nuestro Rancho # 9 a las 6.10 am y continuamos el viaje descendiendo por el Truandó pasando una sucesión de trayectos de agua suave y lenta. A las 7:50 am entramos en la primera laguna y encontramos un espacio abierto y alargado de 16 kilómetros de diámetro. Toda la laguna está cubierta de plantas que tienen raices en el fondo y se elevan varios metros de altura.

Navegamos a través de esta laguna verde del Truandó que recibe varios afluentes. Las márgenes del río están llenas de árboles. Hacia unos 30 kilómetros hacia el Norte se ve una cadena de montes en dirección NE y SO.

A las 9:30 am pasamos la primera laguna y entramos en un bosque en donde el Truandó reasume su cauce entre la selva.

A las 11:45 pasamos por la boca del Chuparador de 18 metros de ancho, que fluye hacia NE y SO. A la 1:30 pm entramos en la segunda laguna que es igual a la primera en forma y configuración. Después de esta laguna, el Truandó vuelve a su curso. Debido a las crecientes del Atrato, el Truandó en esta parte del trayecto no tiene corriente aparente, como consecuencia tuvimos que remar. Finalmente, a las 5 pm llegamos al Atrato.

La boca del Truandó tiene unos 45 metros de ancho, pero debido al aspecto peculiar de las orillas del Atrato, es poco visible desde el Truandó. Tiene 8 metros de profundidad y el ancho de la barra es de 9 metros. A las 5:45 pm llegamos a una aldea situada a 180 metros abajo de la desembocadura del Río Sucio. El barómetro indicó 29 37/100 a las 6:45 pm. De la boca del Truandó a la del Rio Sucio hay dos y medio kilómetros.

De aquí seguimos a Quibdó, la capital de la Provincia del Chocó a donde llegamos el 10 de Marzo. Allí estuvimos un mes y cuatro días en negocios no relacionados con esta expedición.

Seguimos bajando por el Atrato y llegamos a la confluencia con el Truandó a las 6:30 am del día 18 de abril de 1855.

En este punto empezó la parte de mi reconocimiento que estaba sin terminar. El río Atrato desde su confluencia con el Truandó hasta su desembocadura. En la unión de estos dos rios la profundidad es de 18 metros y la anchura 137 metros con dirección al Norte.

A las 7:10 am llegamos al Riosucio, izamos una vela a las 10:30 am con lo cual aumentó nuestra velocidad hasta 15 metros por 14 segundos durante 30 minutos (Ver tablas del Atrato).

A las 11:45 am pasamos el río Salaqui llamado Leonda o Yegenta por los nativos. La boca es poco profunda pero se abre en un río grande. A las 7:50 pm cruzamos la boca del Chacarita.

Abril 19.- Pasamos el río Salaqui en el lado Este. A las 8 am pasamos por la primera boca del río llamado Chocórita y a las 10:08 am entramos en el golfo del Darién a través de la Boca Coquito.

Regresé a Nueva York el 27 de Mayo de 1855 y revisé mis notas y cálculos matemáticos y diseños para concluir que es posible construir un canal navegable a nivel, sin esclusas, para unir el Atlántico con el Pacífico, de tamaño suficientemente grande para pasar todo el comercio del mundo en barcos.

Los planes para lograr dicha operación se pueden ver en las cinco planchas con sus respectivas explicaciones que tengo el gusto de incluir en este informe. En relación con la salubridad de la ruta, tengo que llamar su atención a mis observaciones metereológicas y el hecho que ni yo, ni mis compañeros nos enfermamos durante el viaje con excepción de un episodio de fiebre y malestar que tuve en el Nerqua, sin duda por el ejercicio y la exposición a los elementos, pero desde entonces hasta mi llegada a Nueva York he gozado de excelente salud.

En relación con el enganche de trabajadores, las cuatro provincias vecinas pueden suministrar suficiente número de hombres para realizar el proyecto, algunos de los cuales son de la Provincia de Cartagena, y ya trabajaron en el Ferrocarril de Panamá.

Sugiero que la empresa sea realizada en seis divisiones:

1. En la boca del río Atrato

2. En la del Truandó

3. En la estación Townsend

4. En el Este del Túnel

5. En la boca Oeste del Túnel

6. En el estuario Kelley.

Para alojar al personal necesario para hacer el trabajo se deben construir alojamientos con las abundantes palmas que existen en esta parte del país: ranchos de palma en las 3a, 4a, 5a y 6a divisiones. Las que se necesitan en el Truandó y en la 1a división en el Atrato, deben ser alojamientos flotantes porque no hay bancos o playas en donde construir los ranchos.

Las excavadoras deben ser suficientemente amplias para alojar a los trabajadores de cada división. Al Este de la cumbre son los mejores sitios para construir talleres, depósitos en Turbo, cerca de las bocas del Atrato y en la estación Townsend cerca de la unión del Atrato con el Truandó. Se debe mantener comunicación entre estos dos puntos en 12 horas por medio de vapores de seis pies de calado.

Al Oeste de la cumbre, propongo el mejor lugar para los almacenes de provisiones, etc. Las estaciones Gooding y Emma Josefina pueden dar suministro a las 4a y 5a divisiones. Todos los vegetales necesarios se pueden cultivar en la costa del Pacífico y en el Valle del Nerqua, después de cultivarlos por un año. Los bananos, que son el alimento principal de los nativos crecen en abundancia y también el maiz, arroz y hasta cierto punto en la vecindad de la ruta hay frutas y tubérculos tropicales. Los cereales se pueden llevar del Perú, Chile o San Francisco. Ganado y cerdos de Chiriquí al Estuario Kelley en tres o cuatro días. Por consiguiente hay suficientes vituallas para las divisiones del Pacífico.

Antes de empezar la construcción del canal se debe hacer un camino de herradura hacia la cumbre para surtir de provisiones frescas que se puedan llevar al Truandó por la misma fuente que en la boca del Atrato es decir depósitos de Turbo que pueden recibir provisiones de Nueva York vía Cartagena.

Como mencioné antes, un vapor puede hacer el viaje de Townsend a Turbo en 20 horas y de Turbo a Cartagena en 16 horas en las condiciones actuales del país. De mi gran experiencia se desprende mi predilección por el trabajo de la gente de color por que los hombres blancos no pueden hacer el mismo esfuerzo.

Antes de terminar, me da mucho gusto informar que mis ayudantes: el Capitán Norman Rude, el Dr. RG Jameson y el Sr. Robert Nelson prestaron invaluables servicios. Habiendo completado este informe con detalles de la expedición y para no prolongarme y esperando que reciba los resultados de una investigación imparcial, tengo el honor de suscribirme de Usted, su obediente servidor, William Kennish, Nueva York 7 de agosto de 1855.

Juradó y Salaqui.tif

NOTA

Pienso que es aconsejable hacer dos túneles mejor que uno solo por las razones siguientes: el ancho del túnel debe ser igual al del río (60 metros) para prevenir un aumento de la corriente. Un solo arco que se extienda toda esa distancia puede ser muy largo para que sea seguro, por lo cual deben ser dos arcos (ver Sección 1 Plancha1).

Esta división también tiene la ventaja de impedir el choque de dos buques que se crucen y deben obedecer las leyes de la navegación de conservar la derecha.

En cuanto a la altura, deben ser lo suficientemente amplios para el paso de barcos de guerra que no tropiecen sus mastiles más altos con el techo del túnel.

Las fragatas y barcos mercantes por lo general necesitan solo bajar sus mastiles más altos o aflojar un poco los cables que los sostienen erectos. Todos los vapores pueden pasar sin dificultad.

Me refiero a la tabla de cálculo para estimar la cantidad de material que se debe remover del lecho del río: se puede ver que 2/3 partes son roca que forman un muro sólido a cada lado que no hace necesario cubrirlo con otros materiales, eliminando la necesidad de un corte mayor, pues los declives laterales de los lechos del río tienen un ángulo de 30°de la perpendicular y la roca es de formación primitiva o basalto, el cual puede detonarse fácilmente y al mismo tiempo es mas fácil de remover roca para los valles adyacentes que material más blando.

En esta región hay agua suficiente para equipos hidráulicos para levantar las rocas u otros materiales a la orilla. Una altura de 150 a 180 metros de agua en cada extremo del túnel permite llevar el agua por tubería al canal para que las máquinas puedan realizar las operaciones requeridas.

Firmado William Kennish, Ingeniero Jefe, 7 de Agosto de 1855. "

Panamá, 25 de abril de 1855 Sr. William Kennish Estimado Señor:

Como creo que ya llegó a Nueva York y que tal vez le extrañe no haber recibido correspondencia mía, lamento comunicarle que me he demorado en Juradó más tiempo del que deseaba o anticipaba. Solo llegue aquí ayer, lo cual explica la tardanza.

De acuerdo con sus instrucciones, cuando nos separamos en la catarata del Truandó, después de descansar unos días en Paracuchichi, seguí hasta el río Juradó para explorarlo y examinar el camino de los indígenas por la sierra hacia el río Salaquí que fluye hacia el Atrato.

Febrero 28,1855.- En la casa de Alejandro a las 7 am: Barómetro 29.38, Temperatura 24.4°C.
El resto del día: Barómetro 29.45, Temperatura 27°C.

Marzo 1.- Mismo lugar

6 am Barómetro:29.46, Temperatura 25.5°C. A las 7 am acompañado de un guía y dos indígenas, navegamos en una canoa pequeña a un kilómetro por hora. La corriente oscila entre dos y tres nudos con destino NO.

A las 3 pm llegamos a Dos Bocas en donde confluyen el Juradó con otro río del mismo caudal. Nos detuvimos para pernoctar. Después de doce kilómetros por el río o diez en línea recta.

Barómetro 29.4, Temperatura 27.7°C.

6 pm Barómetro 29.41, Temperatura 25.5°C.

Marzo 3.-7 am, Barómetro 29.4, T emperatura 22°C. Navegamos hasta las 3 pm cuando llegamos al río Antado, curso general NE, distancia 19 kilómetros por el río y 12 y medio en línea recta. El río tiene muchas curvas y la mitad del tamaño, con montañas a los dos lados.

Barómetro 29.3, Temperatura 27.7°C.

6pm Barómetro 29.25, Temperatura 26.6°C.

Marzo 4.- 6 am Barómetro 29.287, Temperatura 23.8°C. El río Antadó es del mismo tamaño que el Hingador cerca de Nerqua. El lecho está lleno

de rocas y piedras y es muy pequeño para la canoa por lo cual seguimos a pie por medio kilómetro en dirección Este hasta llegar a una quebrada por la cual subimos hasta 600 metros en dirección Norte y alcanzamos la altura con dirección a Salaquí. Barómetro 29.22, Temperatura 27.7°C. Luego, seguimos ascendiendo por una cuesta muy empinada por cerca de medio kilómetro hasta la parte más alta. Barómetro 28.5, Temperatura 27.7°C. Viajamos por la arista en dirección NE más de cinco kilómetros y luego bajamos hasta el río Mojando 12 metros, Barómetro 26.95, Temperatura 28.8°C.

Del Mojando al Salaquí (7 kilómetros NE) el terreno se hace plano con pocas elevaciones y es pantanoso. En el Salaquí Barómetro 28.95, Temperatura 27.7°C.

Marzo 5.- 6 am Barómetro 28.92, Temperatura 22.7°C. Despues de traer una canoa que tenían oculta los indígenas, empezamos a navegar hasta las 10 am cuando llegamos a los rápidos en dirección E, distancia en línea recta más o menos 19 kilómetros. El río Salaquí tiene el mismo aspecto que el Truandó, la misma profundidad y corre a través de un valle tan bello como el Nerqua. Barómetro 29.06, temperatura 29.4°C.

Como la canoa era muy grande para arrastrala por los rápidos, la dejamos en la parte alta y caminamos o rodamos por la margen del río por más de 5 kilómetros pero no encontramos otros rápidos o una cascada tan grande como la del Truandó y me informaron que no había otros rápidos.

Llegamos a un punto del río que no se puede atravesar sin canoa por lo cual tuvimos que regresar a recogerla. Barómetro 29.1, Temperatura 27.7°C. Las montañas a los lados del río a nivel de los rápidos tienen la misma apariencia y altura que los del Truando, pero por la inclinacion que esta entre 25▨ y 40°creo que se pueden cortar para el canal.

Marzo 11.- Regresamos a la casa de Alejandro. Hasta ahora le he dado informes de nuestra exploración y observaciones hasta el río Salaquí y lo dejó para que Ud. forme su opinión, no tengo dudas, pero estará de acuerdo conmigo que la vía por el Nerqua es más corta y más fácil.

Pregunté a Santiago cuál eran la vía más corta que decía Alejandro pero dijo que no existía tal vía. Fdo. Robert Nelson.

Los ríos Juradó y Salaquí (cuadro) Ríos Juradó y Salaquí

Cursos y distancias

Nombre del Lugar Curso Distancia

De la casa de Alejandro a Dos Bocas N x O (13 kilómetros);

de Dos Bocas al río Antadó; del río Antadó a la cumbre; ascenso a la cumbre;

de la cumbre al Mojando; del Mojando al Salaquí.

Sub total:

Bajar del Salaquí a los rápidos, del Salaquí al fin de los rápidos

Sub total:

DESCRIPCION

NxE: 19 kilómetros.

Propuesta para el nuevo acueducto fluvial desde las lagunas del río Atrato hasta el Pacífico para hacer una comunicación contínua con el Océano Atlántico a través de la cual puedan pasar buques grandes por una corriente de menos de tres kilómetros por hora.

Las premisas de este desideratum se basan en los siguientes hechos:

1.Que el nivel medio de los dos Océanos es igual.

NE N

NE

E, N, E

E E

12,425 2,000

1

3 1,320 4 2,640 30 3,105 12

3 15

2.Que la marea en la boca del Río Nuevo en la costa del Pacífico varía entre 3.8 metros cuando está alta y 3.08 metros cuando baja.

3.Que las aguas del Atlántico en la confluencia con el Río Nuevo tiene 4.5 metros, 2/10 por encima del promedio de los dos océanos.

4. Que en la unión más alta del Río Nuevo está 2.7 metros más alta que el Pacífico en su marea más alta, por lo cual la velocidad de la corriente será igual a la de la parte más alta, mientras que al bajar la marea la velocidad será igual a 6.4 y 1.3 metros de carga hidrostática (ver explicación de la sección).

La longitud del río Atrato desde la unión propuesta hasta la boca es de 98 kilómetros, 608 metros y la del Río Nuevo es de 101 kilómetros,929 metros. Por lo tanto, son casi iguales, y por consiguiente el tiempo y energía necesaria para subir el Atrato, está compensado con el descenso por el río Nuevo y viceversa, lo cual equivale a navegar una distancia de 200 kilómetros en una superficie a nivel.

La parte más alta formada por el Atrato y comienzos del Río Nuevo tienen la misma altura del nivel promedio de los dos océanos. Las mareas del Pacífico subirían por el Río Nuevo hasta cerca de la unión de la marea alta y causará una irregularidad de la corriente cuyo promedio será igual a la del Atrato (4 kilómetros por hora). Como este Río Nuevo está destinado a fluir constantemente hacia el Pacífico sin obstrucción, de manera que los buques puedan pasar continuamente, puede ser necesario establecer la fuente de donde se puede obtener agua suficiente para mantener el flujo.

En primer lugar debe tenerse en cuenta la posición geografica del país: las cordilleras de Suramérica son paralelas al Pacífico. El origen del Atrato está en la Serranía del Baudó y se extiende por un valle aluvial entre esta sierra y la cordillera Occidental. El río corre en dirección NO hacia la desembocadura. A través de los años ha formado un lecho amplio y espacioso que ocupa la mitad del valle entre las montañas por una distancia de 482 kilómetros. La anchura del valle en la región propuesta para la unión es más o menos de 80 kilómetros. Esta gran area puede decirse que está cubierta por agua con algunas islas formadas por las corrientes de varios ríos más pequeños que descienden hacia el gran río.

Los ríos que fluyen de la cordillera van en direccion NO, los de la Serranía del Baudó tienen curso NE y desembocan en el río Atrato, el cual a su turno se desborda inundando las orillas formando grandes y extensas lagunas de cada lado de su curso. Se sabe y es un hecho establecido que las nubes rara vez pasan a través de la cordillera por lo cual descargan la lluvia en el valle del Atrato. Esta es la razón para que llueva casi en forma permanente, con tormentas de rayos y truenos, mientras que en la costa del Pacífico hay pocas lluvias por 8 meses al año, lo cual explica los pocos ríos de esa región de la costa en este sector del país. (Ver plancha # 6).

Debido a que la mayor parte de la lluvia cae al Norte de la unión propuesta y es llevada al Atrato por sus quince grandes afluentes, además por sus numerosos riachuelos, y la existencia de lagunas y lagos cuya extensión cubre cientos de acres y mantienen un subministro de agua que no disminuye en todo el año, por consiguiente, se puede contar con superabundancia de agua.

El punto más importante que se ha establecido y que requiere confirmarse, es que el sitio seleccionado en el Atrato es el mejor que se puede escoger para este propósito.

En primer lugar no hay punto de unión de este río con otros que fluyan al Oeste, tan cerca del nivel del agua del Pacífico como el Truandó que es solamente un metro más alto que la línea y que el Pacífico, por lo tanto tiene la ventaja de prevenir que la marea del Pacífico fluya hasta el Atrato y no tan alto para aumentar la corriente del Río Nuevo con la marea baja, en efecto, conservando el balance con el primero.

Si se hubiera seleccionado el Río Pocador o el Naipipi, el primero a 8.5 metros por encima de la marea y el segundo a 9 metros, la subida y bajada de las aguas de la bahía de Cupica de 5 metros, entonces el Pocador quedaría a 11 metros por encima del nivel del agua en marea baja y 6 metros en la más alta. El Napipí 11 metros por encima de la marea baja y 6.7 metros sobre la marea alta. Un canal hecho en la vecindad de estos ríos tendria una corriente de cerca de 8 kilómetros por hora.

El Atrato en la unión con el Salaquí es solo 30 cms más alto que la marea alta del Pacífico, pero la línea divisoria de las aguas está a 324 metros de altura sobre el Pacífico y tiene cuarenta y ocho kilómetros de ancho desde Juradó hasta el otro lado de la Sierra. Yo recorrí personalmente esta línea y después la terminó mi ayudante el Sr. Robert Nelson. (Ver Carta del Sr. Nelson).

O sea que si se seleccionan cualquiera de los ríos de la boca del Atrato, sin referirme a la altura y espesor de la serranía puedo observar que las mareas altas del Pacífico son 2 metros más altas que las del Atlántico. Del lado opuesto a la desembocadura del Atrato en dirección SO cerca del río Tuyrá o sus afluentes María, Balsa, Yarisa, etc., todos desembocan en el golfo de San Miguel. La marea también sube de 7 a 9 metros en Chipaganá, una aldea situada 12 kilometros al Norte del Río Savana y mientras que en la boca del Atrato, como ya se dijo, la subida y descenso es solo de 60 cms. Tomando la marea más alta del Pacífico o sea 7.5 metros y la del Atlántico de 60 cms, la marea del Pacífico fluiría hacia el Atlántico con una corriente igual a la carga hidrostática de 3.5 metros y en la marea baja el flujo sería del Atlántico al Pacífico de 3.5 metros. En otras palabras, el Pacífico fluiría hacia el Atlántico por seis horas y del Atlántico al Pacífico por otras seis.

Teniendo en cuenta que la línea divisoria de las aguas nunca ha sido explorada, he oido historias extraordinarias relatadas por los nativos de la región. Durante mis tres visitas al golfo de San Miguel y alrededores, los indígenas de San Blas se comunicaban con el territorio de los Arquian en corto tiempo. Pero mi opinión al respecto en este asunto es que toda la información recibida de los indígenas se debe tomar con mucha cautela: la verdad o mentira de estas afirmaciones solo puede probarse con la investigación del terreno.

Aquí deseo mencionar para información general que el llamado ultimamente puerto del Darién, está situado en un brazo de mar que pasa entre Boca Grande y Boca Chica, dos pequeños estuarios del Golfo de San Miguel que pasan unas 32 kilometros hacia arriba en el río Savana y en el Tayra hasta llegar a Yarisa, unos 45 kilómetros y me consta cuando estaba a bordo del vapor HCM Virago del Capitán Prevost, el primero y único vapor que ha entrado en dicho puerto, que por la acción de las mareas fue arrastrado con dos anclas y solamente se pudo detener cortando casi todas las amarras. No hay un solo lugar de este estuario donde se pueda anclar sin peligro por causa de la marea.

William Kennish, Ingeniero Jefe 7 de agosto de 1855.

El gobierno de EEUU envió al Teniente Nathaniel Michler a confirmar la ruta en sentido contrario comenzando por el Atlántico para llegar al Pacífico y presentó este reporte al Secretario de Guerra en 1861.

REPORT

OF

THE SECRETARY OF WAR,

COMMUNICATING,

In compliance with a resolution of the Senate, Lieutenant Michler's (report of his survey for an interoceanic ship canal near the Isthmus of Darien.)

FEBRUARY 15, 1861.—Read and ordered to lie on the table. Motion to print referred to the Committee on Printing.
FEBRUARY 16, 1861.—Committee discharged. Ordered to be printed.

WAR DEPARTMENT, *February* 13, 1861.

SIR: I have the honor to transmit herewith a communication from the chief topographical engineer, accompanied by the report of Lieutenant Michler, of his survey for an interoceanic ship canal near the Isthmus of Darien, called for by a resolution of the Senate of June 5, 1860.

Very respectfully, your obedient servant,

J. HOLT,
Secretary of War.

Hon. J. C. BRECKINRIDGE,

USOS PACIFICOS DEL LASER, 2013

LASER es el acrónimo inglés de "Light Amplification for Stimulated Emission of Radiation" ó "Amplificación de la Luz por Estímulo de la Emisión de Radiación". Al concentrar los rayos solares a través de una lupa, en el sitio del foco se produce una temperatura alta que quema el papel. Este es un experimento que se conoce desde la infancia. A continuación les relato mis experiencias con LASER, ya que como se verá más adelante, sería muy práctico en la construcción del Canal.

Hacia 1950, Townes descubrió el primer laser práctico. En 1957 tuve la oportunidad de estar en la Universidad de Nueva York cuando el Dr. Hubert Rossomoff usó por primera vez el Laser de Rubí en Cirugía Neurológica. Años más tarde en el Congreso Europeo de Neurocirugía en Praga, ví a uno de mis Profesores, Sidney Stellar, usar el Laser para evaporar un tumor cerebral.

Regresé a Bogotá, Colombia donde obtuve una beca de la Organización de Estados Americanos y viajé a Chicago para hacer el curso con el Profesor Leonard Cerullo en el Departamento de Neurocirugía de la Universidad North Western. Me dirigí a la Universidad de Florida en Gainesville, donde había sido nombrado Profesor Visitante de Neurocirugía por el Profesor Albert

Rhoton y me permitieron usar el laboratorio de Laser para hacer un video de demostración de la técnica quirúrgica con el Laser de

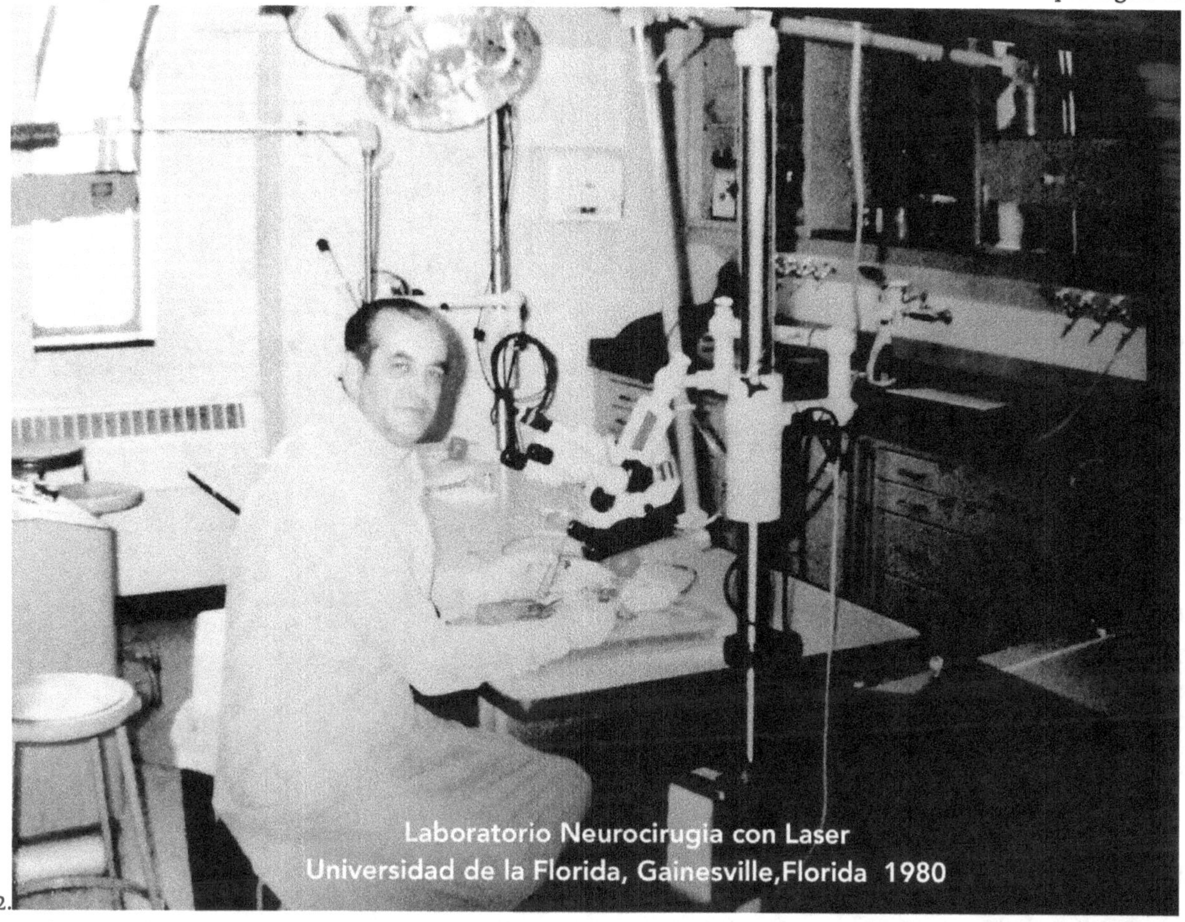

CO2.

Volví a Bogotá al Instituto Neurológico de Colombia y pudimos adquirir dos equipos de Laser de C02 fabricados en Israel, por la compañía Sharplan fundada por Uzi Sharon e Isaac Kaplan (1919-2012). Uno de los equipos se destinó al quirófano y otro al Laboratorio de Investigación y Enseñanza de la Institución.

En 1982 publicamos el primer artículo de nuestra experiencia en Neurocirugía con Laser de CO2 en la Revista Neurología en Colombia Vol 6:9. En 1983 organizamos en Cartagena el I Congreso Latinoamericano de Cirugía con Laser y cursos de Neurocirugía y de Otorrinolaringología con destacados especialistas de América, Europa y Japón. En esa reunión fui nombrado primer Presidente de la Sociedad Latinoamericana de Cirugía con Laser.

En 1984 fuí Profesor invitado al curso de Neurocirugía con Laser de la Universidad de Cincinnati en Ohio por el Profesor John M. Tew. Luego viajé a Melbourne, al Congreso de la Sociedad Australiana de Neurocirugía, en donde dicte varias conferencias en el Congreso y en los Departamento de Neurocirugía de la Universidad de Sidney .

Este recuento lo hago para hacer conocer mi experiencia con el uso del Laser en neurocirugía, lo cual me ha servido para seguir con interés el desarrollo de armas de Laser de alta potencia y de su utilización para fines pacíficos con un proyecto en mente: la apertura de la Serranía del Baudó, con Laser de alta energía que pueda cortar o vaporizar las rocas de basalto de este obstáculo cercano al Océano Pacífico y que se interpone como una barrera para llegar al Océano Atlántico a través de los ríos Truandó y Atrato.

Esta es la única ruta en donde se puede hacer un canal a nivel sin esclusas para buques hasta de 250.000 toneladas. No está en territorio sísmico y fuera de la Serranía de Baudó, el resto del canal puede construirse con facilidad usando los ríos Nerqua para llegar al Truandó y el río Atrato.

Con la posibilidad de usar equipos de Laser de alta energía que llegan a los 150 KW, es mucho mas fácil cortar la montaña vaporizando las rocas de basalto. Se necesita saber si estos equipos de Laser de alta potencia (HEL), pueden pasar a través del agua para cortar el lecho del canal; la razón es que el Laser de CO2 se detiene con el agua. El Laser de Nd-YAG, se puede transmitir a través de fibras ópticas y puede cortar debajo del agua.

Estos equipos de alta energía los han desarrollado los ejércitos de Estados Unidos y de Alemania y han sido ensayados como armas para destruir cohetes, tanques, buques de guerra, etc. Tal vez también puedan tener uso para la paz y para beneficio del mundo.

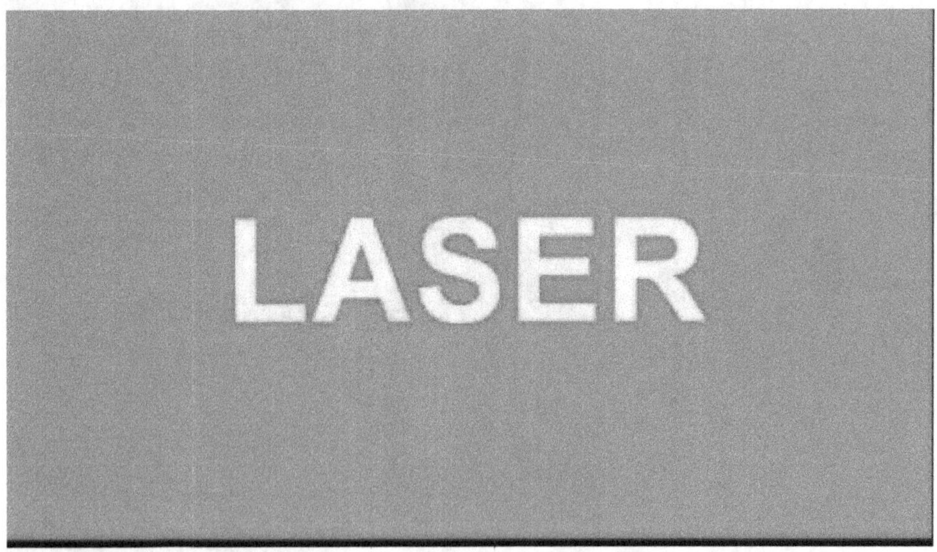

SPECIAL REPORT

OF THE

GOVERNOR

OF

THE PANAMA CANAL

ON THE

ATRATO-TRUANDO CANAL ROUTE

UNDER PUBLIC LAW 280
79th CONGRESS, 1st SESSION

THIS SPECIAL REPORT SUPERSEDES ALL REFERENCES TO THE ATRATO-TRUANDO CANAL ROUTE CONTAINED IN REPORT OF THE GOVERNOR OF THE PANAMA CANAL, DATED NOVEMBER 21, 1947, UNDER PUBLIC LAW 280, 79th CONGRESS, 1st SESSION.

En 1876 el Presidente de los Estados Unidos de Colombia Aquileo Parra Gómez firmó con el representante del Gobierno de Francia Lucién Napoleón Bonaparte Wyse el tratado para la construcción del Canal del Departamento de Panamá por la compañía Francesa del Canal Interoceánico. El tratado fue aprobado por el Congreso Nacional de Colombia.

El Canal de Panamá fue construido entre 1870 y 1914. Inicialmente los trabajadores de la Compañía francesa tuvieron graves problemas de salud por la fiebre amarilla y el paludismo que causaron gran mortalidad. La empresa fracasó y fue retomada por el Gobierno de Estados Unidos quien apoyó la Independencia de Panamá y construyó el canal que celebró 100 años en 2014.

En el mismo año el Presidente José Hilario López firmó el contrato para la construcción del Ferrocarril de Panamá con una compañía de EEUU. La línea de 77 kilómetros empezó a construirse en 1850 y fue terminada cinco años después. El éxito fue inmediato por el gran número de viajeros de la Costa oriental de los EEUU que se dirigía a participar en la fiebre del oro de California.

Fernando de Lesseps, constructor del Canal de Suez decidió construir el Canal de Panamá. Por medio de emisiones de bonos, la compañía Francesa comenzó los trabajos en Panamá en 1880 con la idea de hacer un canal a nivel del mar en la parte más estrecha del Istmo. La ruta se extiende entre Colón y la ciudad de Panamá una distancia de 82 kilómetros. Se prepararon los campamentos, dos hospitales, se importaron equipos de Francia y de los Estados Unidos.

Hubo tres factores que hicieron fracasar la empresa: la falta de estudios completos de ingeniería, el uso de pequeñas vagonetas para remover millones de toneladas de tierra y greda del corte de Culebra y las epidemias de fiebre amarilla y malaria que ocasionaron la muerte de más de 20.000 trabajadores, incluyendo un número considerable de ingenieros franceses. La compañía del Canal Interoceánico se declaró en bancarrota y se organizó la Nueva Compañía del Canal, la cual vendió sus activos a los Estados Unidos por cuarenta millones de dólares (US$40 millones de dólares, incluyendo el Ferrocarril de Panamá construido por una compañía estadounidense en 1875.)

El Gobierno de Colombia negó la aprobación de un tratado con los Estados Unidos para hacer el Canal, citando como causa principal cuestiones de Soberanía Nacional. Los Estados Unidos y el Presidente Teodoro Roosevelt apoyaron la independencia del Departamento de Panamá y firmaron el tratado Hayes-Bruneau-Varilla en 1903.

El Comandante de las tropas Colombianas fue engañado en Colón, viajó a la ciudad de Panamá en el Ferrocarril y fue separado de su batallón de 1.000 soldados que regresaron a Colombia sin haber disparado un solo tiro.

El éxito de los Norteamericanos se debió al trabajo del General Médico Gorgas, quien había conocido en Cuba al Dr. Finlay quien hizo investigaciones sobre la transmisión de la fiebre amarilla por el Aedes Aegipty.

El Dr. Gorgas procedió a eliminar todos los criaderos de mosquitos como ya se había hecho en la Habana, a dotar a la ciudad de Panamá y de Colón de acueducto y alcantarillado. Se cubrieron todos los receptáculos en donde había agua y se fumigaron todos los pozos en donde habían depositado sus huevos los mosquitos. Inclusive hizo cambiar diariamente el agua bendita de las pilas de las iglesias en donde se habían encontrado larvas de mosquitos.

En segundo lugar se diseñaron esclusas para subir y bajar los buques entre los océanos Atlántico y el Pacífico. Crearon los lagos de Gatún y Miraflores para alimentar las esclusas en las vertientes de los dos océanos. Finalmente se usó el ferrocarril para remover la tierra de la excavación especialmente en el sector de la Culebra, en donde se encontró una zona altamente inestable fácilmente deleznable que ocasiona aludes frecuentes.

En 1913, diez años después de haber reiniciado las obras se abrió el Canal de Panamá. Colombia recibió de los Estados Unidos una compensación de US$ 25 millones de dólares.

EL CANAL DE PANAMA Y EL CANAL DE COLOMBIA

El documento sobre el Canal de Panamá muestra el laborioso proceso de construcción de las nuevas esclusas empezado en 2006 cuando los buques más grandes eran de 14.000 TEU. Esta es una unidad que indica el número de contenedores que puede cargar un navío. Para celebrar el primer centenario de operaciones, la Autoridad del Canal de Panamá quien maneja el Canal, contrato con un consorcio de compañías de ingenieros las obras para hacer nuevas esclusas.

La obra estuvo plagada de tropiezos por huelgas del sindicato de trabajadores y por las demandas de los constructores para hacer nuevos contratos por sobreprecios de la obra. Se construyeron nuevas esclusas en el Atlántico y en el Pacífico con 16 compuertas, diseñadas en Italia y construídas en Corea del Sur, cada compuerta pesa 4.000 toneladas.

Ahora diez años después se inauguró la obra a un costo de más de cinco mil millones de dólares que se podrán pagar en uno o dos años de operaciones. El problema es que durante este decenio los constructores de buques aumentaron el tamaño de los mismos, porque cuantos más contenedores puedan cargar el valor del transporte se reduce, de manera que la flota actual es de Buques Ultra- Grandes (ULCS) de más de 18.000 TEU y ya se están construyendo los SUEZMAX de 20.000 TEU. El problema radica en que las esclusas tienen 366 metros de largas y los ULCS 400 metros de eslora. Todos estos gigantes solamente pasan por canales sin esclusas como el Canal de Suez o el futuro Canal de Colombia ordenado por las leyes de Colombia en 1964 y 1984. La primera ley #53 de 1964 firmada por el Presidente Guillermo León Valencia autorizó al Ministro de Obras Públicas Tomás Castrillón Muñoz para contratar estudios de ingeniería y de economía con dos compañías de Nueva York. En 1984 una nueva ley con el mismo número, ordenó por segunda vez la construcción del Canal del Atrato. Fue firmada por el Presidente Belisario Betancur. Desafortunadamente, esta ley no se ha cumplido y esta mega obra de infraestructura continúa sin hacerse.

Otra noticia muy destacada ha sido la ampliación del Canal de Suez por los Ingenieros Militares de Egipto. Los ingresos por peajes aumentaron a $9.500 millones de dólares al año.

Entretanto el Chocó se debate en crisis humanitaria denunciada por los Obispos en 2014, confirmada por el defensor del Pueblo y la Oficina de Derechos Humanos de las Naciones Unidas. Nada han hecho las autoridades Colombianas persisten en el olvido y en el abandono del Chocó, una situación histórica semejante a la que sufrió el Departamento de Panamá cuando era parte de Colombia.

El Canal de Colombia lo podrían construir los Ingenieros Militares de Colombia con asistencia técnica del Centro de Agua de la Unesco. Puede dar empleo a 200.000 trabajadores que se pueden distribuir en diez o doce frentes de trabajo. Esto es la solución al desempleo de 62.8% del Chocó y de los "ex-guerrilleros".

El 20 de Julio del 2019, los Chocóanos nuevamente entraron en paro Cívico, uno de los muchos que han hecho ante la mirada indiferente del país. El Memorial de Agravios urge proveer salud y educación. Esto no se podrá lograr a menos que tengan una fuente de ingresos permanente. Deberán hacer el Canal de Colombia. El Atrato es el cuarto río más caudaloso del mundo que se puede conectar con el Pacífico por un canal de 172 kilómetros, sin esclusas ni túneles. Necesita un corte a cielo abierto en la parte más baja de la Serranía de Baudó y un ferrocarril para movilizar 100 millones de toneladas de roca para elevar y proteger de la erosión las orillas del Canal. Vale la pena recordar que las minas de carbón del Cerrejón producen 32 millones de toneladas al año.

Esta es una obra muy factible que se puede empezar con recursos obtenidos de la venta de la madera de la zona del canal, 150 metros a cada lado de la línea de 172 kilómetros de largo entre Coredó en el Pacífico y Unguía en el Atlántico. La Asociación Privada de los propietarios de la Zona, CANATCOL se compromete a reforestar toda la zona con Pinos del Caribe para producir Biodiesel para motores marinos y terrestres un programa semejante el de Gaviotas, Vichada, una obra maravillosa que pocos conocen en Colombia.

7. Siglo XX
EXPEDICION CANAL ATRATO TRUANDO 1949

Escribo estas líneas 70 años después que la Comisión Colombo-Americana realizó la exploración de la Zona del Canal Atrato Truandó, basada para la Ley de EEUU 280 de 1949.

Son 264 años desde cuando la ruta Atrato-Truandó fue descubierta en la quinta expedición patrocinada por el banquero de Wall Street, Federico M. Kelley en Nueva York.

En 1947 la primera expedición Colombo- Americana con la colaboración del Ingeniero Belisario Ruiz Wilches recorrió la zona, hicieron estudios de suelos y geológicos que sirvieron de base a la segunda expedición.

Los ingenieros de EEUU, oficiales del Cuerpo de Ingenieros del Ejército USACE, forman parte del Centro Internacional del Manejo del Agua: "International Water Resources Management" (ICICI).

Hay estudios geológicos, y de ingeniería de la ruta entre la Bahía de Humboldt y el Golfo de Urabá siguiendo la ruta Atrato-Truandó. El obstáculo principal en donde se estima esta el 85% del trabajo está en el corte de la Serranía del Baudó, donde se necesita un corte a cielo abierto de 4.800 metros de largo por 150 metros de ancho en la base y 28 metros de profundidad.

El trazado más conveniente está entre COREDO 6.93-76.98 y UNGUIA 8.05. -77.1, y comprende los Municipios de Juradó, Riosucio, Unguía (Chocó) y Turbo (Antioquia). El trazado debe pasar al este del río Peyé y de las ciénagas de Tumarandó en territorio de Turbo, para cruzar al Oriente del Parque Nacional de los Katíos.

La sección de la Serranía de Baudó es solo de 26 kilómetros. El trayecto hasta Riosucio 54 kilómetros y hasta Unguia 92 kilómetros para un total de 172 kilómetros, un poco más de 100 millas. La velocidad de la corriente es de 3 kilómetros por hora.

Se necesita hacer un corte a cielo abierto de 4.800 metros de largo en la parte más baja de la Serranía de Baudó de 280 metros sobre el nivel del mar. Debe tener 200 metros de ancho en la base y 28 metros de profundidad, para que sea un canal de doble vía. La geología de la zona y de las ramas de la Serranía que se extienden en dirección noroeste, son la única parte sólida conformada por una formación rocosa de basalto. El resto de la Zona del Canal es terreno pantanoso, aluvial fácil de dragar.

En cuanto a las dos terminales del Canal, Unguía es el sitio ideal para hacer un puerto de aguas profundas con una batimetría de 90 metros. Allí termina el caño Tarena, una de las ramas del delta del Atrato. En Coredó la profundidad de 10 metros que aumenta a 20 metros necesita ser dragada a 28 metros para la llegada de los Buques (ULCS).

Leyes sobre el Canal
En 1949 una comisión mixta de EEUU y de Colombia, codirigida por Belisario Ruiz Wilches y Julio Fajardo de Colombia, realizó los estudios hidrológicos del Canal Interoceánico Atrato-Truandó. Participó también como Agregado Militar el Mayor Luis Laverde Goubert.

En 1964 el Instituto Geográfico Agustín Codazzi hizo el levantamiento topográfico a escala 1:25.000 del trayecto del canal. Las planchas reposan en los archivos de esa institución. Actualmente existen fotografías satelitales con definición de 30 metros.

También en 1964 la Ley 53 de Colombia ordenó contratar estudios de Ingeniería y Economía con dos compañías de Nueva York: TAMS y Nathan. Se recomendó el uso de energía nuclear para abrir la Serranía del Baudó, lo cual fue rechazado.

En 1970 se formó la Comisión de los EEUU para el Canal Interoceánico. Se consideró la ruta #25 como la única para hacer un canal a nivel sin esclusas. En los años 70 El Instituto Hudson de Nueva York propuso represar los ríos Atrato y San Juan para hacer dos grandes lagos, generar energía hidroeléctrica y comunicar los océanos. El proyecto fue rechazado por las implicaciones ecológicas del mismo.

En 1984 el Congreso de Colombia dictó la ley 53 ordenando la construcción del canal, con las limitaciones señaladas. El autor de la Ley fue el Senador Chocóano Daniel Palacios Martínez. Una de las estipulaciones es que "solo podrían ser socios o accionistas entidades nacionales, no podrán ser socios personas o entidades jurídicas extranjeras".

En 1996 el Presidente de la Sociedad Geográfica de Colombia Alberto Mendoza Morales publicó el libro "El Canal Atrato-Truandó", se constituyó un comité en pro del canal, se hizo un foro que aprobó el proyecto, pero nunca se realizó.

Se han hechos tres centenares de publicaciones sobre el Canal Interoceánico de Colombia. En la biblioteca de la Escuela Superior de Guerra se conservan 19 tesis realizadas por militares de altos grados sobre el canal. En una oportunidad se estimó que el costo del canal era mayor que el presupuesto nacional de Colombia y se descartó la oportunidad de tener un proyecto factible.

Treinta y cinco años después no hay un decreto reglamentario de la ley. Según el Senador Palacios Martínez, la ley está vigente porque no hay ninguna otra que la anule. De acuerdo con el Gobierno de Colombia la ley caducó, pues solo tenía una vigencia de cuatro años.

En contraste, el Gobierno Nicaraguense de Daniel Ortega aprobó la ley 800 en Julio de 2012, financió 30 mil millones de dólares para la construcción con una firma China en Septiembre y en Enero de 2013 contrato a la Compañía Real Holandesa para hacer el proyecto. Se estimaban ingresos de un mil millones de dólares anuales cuando estuviera funcionando el canal, sin embargo la compañía que los finianciaría quebró antes de empezar las obras.

El Canal de Panamá es la fuente del 70% del PNB de ese país. Inicialmente, tenía tres esclusas de 304 metros de largo, 32.3 metros de manga y 294 metros de eslora. Teniendo en cuenta el aumento de tamaño de los buques, Panamá decidió la construcción de un cuarto juego de esclusas para buques de 366 metros de largo, 55 metros de ancho y 18.3 metros de profundidad. La ampliación del Canal de Panamá se terminó en 2014, cuando comenzó operaciones. Los Buques Ultra Grandes de Contenedores (ULCS) de 400 y más metros de eslora no caben por las nuevas esclusas. Por esta razón se necesita un nuevo canal para estos grandes navíos,

PROYECTO DE LEY No. 53 DE 1.964

Por la cual se autoriza al Gobierno Nacional para elaborar estudios de un Canal Interoceánico.

EL CONGRESO DE COLOMBIA

D E C R E T A:

ARTICULO PRIMERO.- Autorízase al Gobierno Nacional para elaborar estudios de viabilidad técnica y económica y preparar diseños completos de un Canal Interoceánico por la Hoya del Río Atrato y a través de la Serranía del Baudó.

ARTICULO SEGUNDO.- En los estudios que se adelanten deberá participar personal técnico colombiano.

ARTICULO TERCERO.- Para el cumplimento de la presente Ley, el Gobierno Nacional podrá contratar empréstitos internos o externos, abrir créditos o hacer los traslados necesarios en los presupuestos de las próximas vigencias.

ARTICULO CUARTO.- Esta Ley regirá desde su sanción.

Dada en Bogotá , D.E., a

Este Proyecto de Ley es presentado por el suscrito Ministro de Obras Públicas.

TOMAS CASTRILLON MUÑOZ
Ministro de Obras Públicas

La ley #53 de 1964

El Ingeniero Tomas Castrillón Muñoz, ilustre Payanés, ex-Gobernador del Cauca, fue Ministro de Obras Públicas del Gobierno del Presidente Guillermo León Valencia. Escribió en la Revista Javeriana en 1964 un ensayo sobre el Canal del Atrato e hizo un excelente resumen de la historia de esta vía acuática. Podría considerarse que pudo haber sido la exposición de motivos para la ley #53 aprobada por el Congreso Nacional y ratificada por el Presidente Valencia.

Recuerda el Ingeniero Castrillón Muñoz algunos datos de la cronología de las ideas sobre esta vía, de la cual se ha tratado desde la época de Vasco Núñez de Balboa.

Dice el Ministro Castrillón Muñoz: "En 1851 El Congreso aprobó dos contratos con los Drs. Manuel Cárdenas y Florentino González para construir un canal que pusiera en comunicación el río Atrato con el océano Pacífico. En 1852 el Ingeniero Trautwine patrocinado por Frederick M. Kelley estudió tres rutas. En 1858 el General [sic] Michler estudió la ruta Atrato Truandó para salir a la Bahía de Colombia. En 1855 la Ley del 28 de Abril contrató con José Gooding y Ricardo Vanegas, la construcción del Canal Interoceánico. En 1866 el General Tomás Cipriano de Mosquera contrato, en un escrito de la propia mano del General, con el Sr. Eustacio de la Torre la construcción del Canal, aprobado por Ley 27 de junio. En 1870 El Gobierno de EEUU envió al Comandante Selfridge y al Teniente Collins para estudiar la ruta del río Napipí."

Cita Humboldt, que a raíz de un litigio entre las familias Mosquera y Salinas, resolvieron esta disputa con la apertura de una chamba por la cual desde Popayán los Mosqueras comisionaron al Cura de Novita Fray Pedro Cerezo o Fray Gabriel Arrachategui, para ejecutar la obra y unir los dos océanos".

Kennish propuso en 1855 cruzar la Serranía de Baudó con dos túneles de 4.5 km de largo, con dos frentes de trabajo, lo cual podrían hacer mineros de carbón. Michler en 1858 confirmó la ruta de Kennish y estuvo de acuerdo con la excavación de los túneles. Su informe fue presentado al Congreso de los EEUU en 1861. Kelley propuso al Presidente Buchanan, a la Reina Victoria y a Napoleón III la construcción del Canal, pero vino la Guerra Civil de los Estados Unidos y el proyecto no se empezó. Los estudios se olvidaron, solo los recuerda en su artículo el Padre Jesús Emilio Ramírez, SJ, por lo cual se presume que dichos libros deben estar en alguna biblioteca de los Jesuitas en Colombia.

Según Castrillón Muñoz cortar la Serranía a tajo abierto por procedimientos convencionales implicaría remover 887 millones de metros cúbicos de basalto. En el estimado de Michler (1861) el total, incluyendo los dos túneles de 4.500 metros de largo es de 50.091.746 metros cúbicos.

El Ingeniero Castrillón Muñoz posiblemente fue el primero en recomendar explosiones de energía nuclear para abrir la Serranía de Baudó. Esto fue repetido con las investigaciones de la Comisión de EEUU para el Canal Interoceánico publicadas en 1970 en siete tomos, de los cuales el V corresponde a la ruta #25, la única de 30 en donde se puede hacer el canal a nivel del mar.

Alberto Mendoza Morales y col. en su libro sobre el Canal del Atrato en 1996 se refiere también al uso de las explosiones nucleares para cortar la Serranía del Baudó.

Es curioso que en la publicación de la Comisión no se alude a la ruta alterna #25A mencionada por Lindner del Cuerpo de Ingenieros del Ejército de los Estados Unidos en 1969. Dice: "la ruta alterna comienza 14.4 km al Norte de Riosucio y se dirige en línea recta a la Bahía Colombia." En nuestra humilde opinión es la mejor ruta de todas, la más corta, más fácil de excavar y termina cerca del nuevo Puerto Antioquia que se está construyendo en Bahía Colombia, Municipio de Turbo, Departamento de Antioquia.

Ilustraciones
LEY No 53 DE 1964
Por la cual se autoriza al Gobierno Nacional para elaborar estatutos de un Canal Interoceánico.
EL CONGRESO DE COLOMBIA D E CR E T A:
ARTICULO PRIMERO.- Autorízase al Gobierno Nacional para elaborar estudios de viabilidad técnica y económica y preparar diseños completos del Canal Interoceánico por la Hoya del Río Atrato y a través de la Serranía del Baudó.

ARTICULO SEGUNDO.- En los estudios que se adelanten deberán participar técnicos colombianos.

ARTICULO TERCERO.-Para el cumplimiento de la presente ley, el Gobierno Nacional podrá contratar emprestitos, abrir creditos o buscar los traslados necesarios de los presupuestos de próximas vigencias.

ARTICULO CUARTO.- Esta ley regirá desde su sanción.

Dada en Bogotá.
Este Proyecto de Ley se presenta por el suscrito Ministro de Obras Públicas
Fernando Tomás Castrillón Muñoz.

LEY 53 DE 1984
(Diciembre 28, 1984)
Diario Oficial No. 36.831 de 15 de Enero de1985

Por la cual se ordena la construcción del canal
interoceánico Atrato-Truandó y se reviste al Presidente de
la República de precisas facultades extraordinarias

EL CONGRESO DE COLOMBIA, DECRETA:

ARTICULO 1o. Ordenase la construcción del canal
interoceánico Atrato-Truandó por el Departamento del
Chocó.

CANAL ATRATO-TRUANDO ORDENADO POR LA LEY 53 DE 1984

En 1984 la Ley 53 ordenó construir el Canal de Colombia. Los Departamentos del Chocó y Antioquia, Municipios de Juradó, Riosucio, Unguía y Turbo tienen la Zona del Canal. Los propietarios de la Zona del Canal son los Consejos Comunitarios y Cabildos Indígenas (Ley 70/1993) quienes son los dueños de árboles de madera fina evaluados en US$3.500 millones de dólares, (CN Gustavo Angel Sanín, 2003) con los cuales se puede iniciar la construcción del Canal.

Se necesita que los Congresistas Antioqueños y AfroColombianos expidan una nueva ley para reemplazar la 53/84 y ordenen a los 27 Batallones de Ingenieros Militares hacer el Canal. Otra opción es dar el proyecto en concesión a una compañía extranjera por 30 años. El Canal producirá US$ 6.000 millones de dólares al año.

www.sogeocol.edu.co/documentos/elcan_atrato.pdf

[Cortesía del Ingeniero Jesús Pabón Núñez, Ministerio de Transporte e Infraestructura, 2013]

En 1996 por Decretos 0927 y 1017 se ordenó al Ministro de Transporte presentar un informe a la Comisión del Canal Interoceánico. Ese informe tampoco se encuentra en los Archivos del Palacio de Nariño, el Ministerio de Transporte o el Departamento de Planeación.

En esa época con base en aerofotografías y levantamientos topográficos, el Instituto Geográfico Agustín Codazzi elaboró el Mapa Topográfico a escala 1:25.000 Atrato-Truandó, IGAC 1964, que consiste en 28 planchas. Este mapa necesita completarse con otras planchas que deben existir de la ruta alternativa #25A entre Riosucio (Chocó) y Bahía Colombia en el Golfo de Urabá.

El Senador Daniel Palacios Martínez, qepd. fue el autor de la ley 53 de 1984. Tuve el honor de recibir su visita en mi residencia en Jupiter, Florida, el 27 de Diciembre de 2012, con el obsequio del libro de Alberto Mendoza Morales et al: Canal Atrato-Truandó, Sociedad Colombiana de Geografía, Bogotá 1996. La dedicatoria reza: "Para el Dr. Jaime Gómez, MD interesado en el programa del Chocó y de Colombia."

El Senador Palacios falleció en Bogotá el 26 de Diciembre de 2016. Antes de morir me llamó por teléfono de Bogotá para decirme que "La ley 53/1984 no ha caducado porque no habido ninguna otra ley que la haya derogado."

Carta enviada al Decano Diago Franco.

d-civil@unicauca.edu.co

Sr. Decano Facultad de Ingeniería Civil Julio César Diago Franco. Universidad del Cauca.

Popayán, Cauca.

Sr. Decano:

En 1964 El Presidente Guillermo León Valencia nombró Ministro de Obras Públicas al Ingeniero Tomás Castrillón Muñoz, autor de un artículo sobre El Canal del Atrato, Revista Javeriana Vol. 61 No. 305 (jun. 1964), p. 438-450.

El Ingeniero Castrillón Muñoz discutió la historia del Canal Interoceánico y presentó al Congreso de Colombia el proyecto de ley que fue aprobado en 1964. El Ministro contrató con la Compañía Tippets-Abbee McCarty-Stratton de Nueva York los estudios del canal. Según me informaron del Ministerio de Transporte, estos documentos no se encontraron en el Archivo del viejo Ministerio deObras Públicas en Fontibón. Esta ley y otra de 1984 caducaron.

En 1996 por Decretos 0927 y 1017 se ordenó al Ministro de Transporte presentar un informe a la Comisión del Canal Interoceánico. Ese informe tampoco se encuentra en los Archivos del Palacio de Nariño, el Ministerio de Transporte o el Departamento de Planeación.

El motivo de este mensaje es preguntar si hay alguna información en los archivos de la Universidad del Cauca, en los del Presidente Valencia o del Ingeniero Castrillón. En segundo lugar si estudiantes de la Facultad a su cargo pudieran hacer el anteproyecto del Canal Interoceánico. La mejor ruta es la alternativa #25A entre Bahía de Humboldt y Puerto Antioquia en Bahía Colombia.

Agradeciendo su atención, me suscribo de Ud. muy atentamente,

Jaime G. Gómez, MD.

Ley de la República de Colombia N° 70 de 1993

Por la cual se desarrolla el artículo provisional de la Constitución de Colombia de 1991 y otorga la propiedad de las tierras habitadas por los AfroColombianos en el Departamento del Chocó a los Consejos Comunitarios de esa división política.

LEY 70 DE 1993 (Agosto 27)
"Por la cual se desarrolla el artículo transitorio 55 de la Constitución Política.

El Congreso de Colombia",
Ver el Decreto Nacional 2941 de 2009
DECRETA: CAPITULOI Objeto y definiciones.
ARTICULO 1. La presente ley tiene por objeto reconocer alas comunidades negras que han venido ocupando tierras baldías en las zonas rurales ribereñas de los ríos de la Cuenca del Pacífico, de acuerdo con sus prácticas tradicionales de producción, el derecho a la propiedad colectiva, de conformidad con lo dispuesto en los artículos siguientes. Así mismo tiene como propósito establecer mecanismos para la protección de la identidad cultural y de los derechos de las comunidades negras de Colombia como grupo étnico, y el fomento de su desarrollo económico y social, con el fin de garantizar que estas comunidades obtengan condiciones reales de igualdad de oportunidades frente al resto de la sociedad colombiana.

De acuerdo con lo previsto en el Parágrafo 1o. del artículo transitorio 55 de la Constitución Política, esta ley se aplicará también en las zonas baldías, rurales y ribereñas que han venido siendo ocupadas por comunidades negras que tengan prácticas tradicionales de producción en otras zonas del país y cumplan con los requisitos establecidos en esta ley.

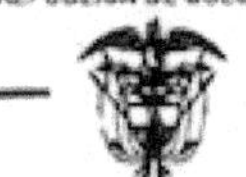

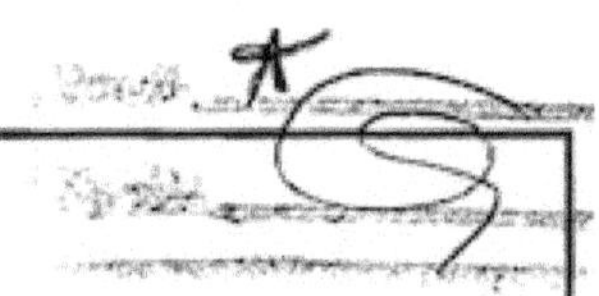

PRESIDENCIA DE LA REPÚBLICA

DECRETO NÚMERO 749 DE 2018

-2 MAY 2018

Por el cual se crea la Comisión Intersectorial para el Departamento del Chocó

EL PRESIDENTE DE LA REPÚBLICA DE COLOMBIA

CANATCOL, AP.

QUIBDÓ, MAYO 9 DE 2018

DOCTOR
JUAN MANUEL SANTOS CALDERON
PRESIDENTE DE COLOMBIA
PALACIO DE NARIÑO- BOGOTA D.E.
Sr. Ministro del Interior
Srs. Miembros del Comité Intersectorial del Chocó
Bogotá D.E.
REF.: DERECHO DE PETICIÓN

Señor Presidente de Colombia y Señores Miembros del Comité Intersectorial del Chocó:

Los propietarios de las tierras de la zona del Canal Interoceánico del Chocó: Consejos Comunitarios, Resguardos Indígenas y otras personas jurídicas del Chocó, en el marco de la ley 70 de 1993, nos organizamos en la entidad que se denomina, ASOCIACIÓN PRIVADA Canal Interoceánico de Colombia, CANATCOL AP, con Nit. N.900931385-1, todo de conformidad con la ley 1508 de 2012, teniendo como objetivo fundamental construir el Canal Interoceánico del Chocó, para aliviar la crisis humanitaria en que vive y ha vivido el Departamento del Chocó. Crisis humanitaria, en lo económico, social, político y administrativo, la que fue denunciada por la Iglesia Católica, la Defensoría del Pueblo y las Naciones Unidas.

Al tener conocimiento Señor Presidente que su despacho, en cumplimiento de varias sentencias judiciales de las altas cortes, produjo el Decreto 749 del dos de Mayo de 2018, creando la COMISIÓN INTERSECTORIAL PARA EL DEPARTAMENTO DEL CHOCO, a efecto de hacer frente a la crisis humanitaria en que vive y ha vivido el Departamento del Chocó, de la manera más respetuosa solicitamos a usted Señor Presidente, entre las obras a tener en cuenta, como grandes soluciones, se sirva ordenar la inclusión del Canal Interoceánico del Chocó, así sea como obra a realizar a mediano o largo plazo, como una obra de la mayor importancia, prioritaria, para resolver la crisis humanitaria del Chocó e impulsar el desarrollo de la región y de toda Colombia.

Le hacemos la presente solicitud Señor Presidente por cuanto si el Canal Interoceánico del Chocó está incluido en los planes de la nación colombiana, a mediano o largo plazo como debe ser, todo resulta más favorable para las personas jurídicas que de alguna manera impulsan ese propósito de la patria. Para nuestra organización resulta de la mayor importancia, saber que es también un propósito del Estado colombiano, construir el Canal Interoceánico del Chocó.

Señor Presidente, no entendemos los Chocoanos, las razones de los gobiernos de Colombia, para seguir aplazando una obra de tanta importancia como es la construcción del Canal Interoceánico del Chocó, una obra que va a generar divisas, trabajo y empleo a más de un millón de personas entre los directos e indirectos y es la obra por excelencia que entra a reivindicar al Chocó y a implementar un desarrollo de gran importancia para Colombia, por cuanto la zona del canal de 172 kilómetros de largo, ambas márgenes, necesariamente se convertirá en un polo de desarrollo agrícola, ganadero, industrial y comercial, para el Chocó, Colombia y el mundo. La construcción de esta obra debería ser bandera del posconflicto.

Señor Presidente, considerando que con base en la ley 53 de 1964 se contrataron los planos y estudios económicos del Canal Interoceánico del Chocó con dos compañías de Nueva York; Que la ley 53 de 1984 ordenó la construcción del Canal del Chocó; Que el Decreto 0625 de 1996 contrató con la misma compañía de economistas de Nueva York un estudio económico que concluyó que se debería esperar a copar la capacidad de las nuevas esclusas de Panamá; Que las nuevas esclusas de 366 metros de largas no permiten el paso de los Buques de más de 400 metros de eslora; Que los Buques Ultra Grandes (ULCS) serán el 85% de la Flota Mercante Mundial en 2030; muy comedidamente solicitamos:

1. Que se solicite a las Universidades, Nacional de Colombia y Tecnológica del Chocó para que en un plazo mínimo de 12 meses realicen los estudios de factibilidad incluyendo:
A. La modificación de los planos elaborados en 1945, 1964, 1969 para adaptarlos a los buques ULCS y manual de construcción en detalle.
B. Estudios económicos y financieros en detalle.
C. Estudios Ambientales en detalle con trazado de la ruta y censo de los árboles entre Coredó y Riosucio.
D. Plan de interventoría en detalle.
E. Obtener las licencias de construcción, ambientales, del ANLA para iniciar la construcción del Canal.
F. Planos para el Centro Médico del Cantón de San Pablo, en donde la Universidad Nacional de Colombia establecerá una sede en el terreno de 10 hectáreas donado por la familia Moreno Lozano.

La Asociación Privada Canal Interoceánico de Colombia, CANATCOL, AP pagará a las Universidades un equivalente a diez millones de dólares (USD$10.000.000) cuando inicie operaciones el canal, o con la venta de los árboles que habrá necesidad de talar en la zona del canal. Este monto estará dedicado a la construcción de la Facultad de Ciencia Médicas y Hospital de III Nivel del Cantón de San Pablo.

CANATCOL, AP se compromete a reforestar en el Chocó el mismo número de árboles talados.

Esperando contar con su aprobación quedamos en espera de su respuesta.

Atentamente.
Juan Andrés Moreno Moreno,
Secretario Ejecutivo CANATCOL, AP

8. Siglo XXI

8.1 EXCAVACIÓN DE CANAL: El estimado de las cantidades de excavación requeridas para un canal a nivel del mar en la ruta Atrato-Truandó se basan en secciones transversales trazadas que se escalaron desde una topografía a escala 1: 50,000 a las cuales se aplicaron pendientes laterales determinadas para taludes estáticos del material encontrado, el número de secciones transversales por kilómetro varía de uno en las áreas de tierra pantanosa uniforme a 14 en la región de la cordillera. La cantidad total de excavaciones es de 2,938.512.182 metros cúbicos, de los cuales 1,335.825.014.4 metros cúbicos son de roca. En comparación, la excavación requerida para la conversión del Canal de Panamá a nivel del mar es de 977.493.60 metros cúbicos, incluídos 725.900.097.6 metros cúbicos de roca".

La ley 280 de EEUU estima una distancia de 168.33 kilómetros entre la Bahía de Humbold y el Golfo de Urabá y cree que la construcción duraría 20 años con un costo de USD$ 5.000 millones de dólares. Incluye un puerto fluvial 32 kilómetros al sur de la Bahía Candelaria en el Caribe y otro en el Pacífico.

En la actualidad se debe pensar en modificar el trayecto Atrato-Truandó para eliminar ocho curvas. El diseño del Canal a nivel del mar para ULCS debe ser lo más recto posible: la ruta entre COREDO 6.93 -77.65 y UNGUIA 8.25-76.98 solo tendría una curva de angulo obtuso al terminar el trayecto de la Serranía de Baudó en dirección Noreste para seguir al Norte hasta Unguía, en donde se podría hacer un puerto de aguas profundas. La línea pasaría al Este del río Peye y de las ciénagas de Tumaradó, límites orientales del Parque Nacional de los Katíos.

La distancia del trayecto entre Coredó y Unguía podría ser 30 kilómetros menor que la ruta Atrato-Truandó. El corte del basalto de la Serranía del Baudó se facilita con el uso de dos equipos de Láser de alta energía, UN MEGAVATIO (Patente número: 8220965/ 2012). Estos equipos se pueden montar sobre vehículos anfibios con orugas AVA-7A1. Pueden cortar ocho metros de basalto por hora, lo cual reduciría el costo y tiempo a la mitad.

Para mover 977,493.60 metros cúbicos de la Serranía de Baudó, se requiere un ferrocaril paralelo al canal por el costado oriental para hacer las bancadas o jarillones de las dos orillas del río Atrato y prevenir las inundaciones periódicas. Debe considerarse un Hydrail con motores de celdas de Hidrógeno y vagones de descarga lateral en la parte de suelos de basalto que soporten el peso del tren. Son aproximadamente 25 km desde Coredó. Más allá será necesario excavar el terreno para usar barcazas para llevar las rocas, por que en el terreno pantanoso y aluvial en donde se hicieron perforaciones hasta de 53 metros de profundidad no se encontró roca.

Regresando al estudio, se prevé la necesidad de hacer un túnel bajo el Canal para el paso de la Carretera Panamericana. Hay calculos exactos de los taludes del corte de la Serranía de Baudó que por su naturaleza basáltica pueden ser casi verticales, pero en las ilustraciones muestran escalones de 63 cms entre la superficie del agua y la cumbre.

Kennish (1855) recomendó seis campamentos para hacer la obra, esto puede resultar en doce frentes de trabajo. En el bajo Atrato habrá necesidad de utilizar barcos de río para alojar el personal, por razón de las inundaciones. Se necesita también un Buque Hospital para atender a los enfermos y Cooperativas en cada campamento para atender a los trabajadores. La obra se debe hacer en 3 turnos de 24 horas, siete días a la semana, para eso se va a necesitar energía eléctrica. Todos los trabajadores deben estar vacunados contra la fiebre amarilla, dormir bajo toldillos y usar medicamentos para prevenir la malaria. Lógicamente se debe tener un grupo de salud permanente para fumigar todos los pozos de agua y acabar con la cría de mosquitos.

El Canal de Suez fue ampliado recientemente por los Ingenieros Militares de Egipto. Los ingresos aumentaron de USD$ 5.500 millones a USD$ 9.500 millones anuales. Cómo podríamos lograr que los propietarios de la Zona del Canal Atrato-Truandó: Consejos Comunitarios y Cabildos Indígenas de los Municipios de Juradó, Riosucio y Unguía (Chocó) que conforman CANATCOL, AP y Turbo (Antioquia) hicieran un convenio con el Ejército de Colombia para hacer el Canal del Atrato. Al General Yepes le pareció muy bien pedir Asistencia Técnica al Centro Internacional del Agua de los Ingenieros Militares de EEUU (Ley 26 de 1959).

NAVEGACION INTERIOR

La navegación interior a lo largo de sus ríos y canales se conoce desde la más remota antigüedad. En Babilonia y Egipto navegaron del Mediterráneo al Mar Rojo hace 15.000 años, mucho tiempo antes de construir el canal de Suez.

El Gran Canal de China el más largo del mundo tiene 1776 km, fue construido en el año 605 de nuestra era.

Canales atraviesan toda Europa desde hace cientos de años. El Canal del Erie en los Estados Unidos fue construido entre 1817 y 1825, tiene 584 km de largo, 54 esclusas y fue construído cuando no había Ingenieros Civiles. Comunica el Lago Erie con el Río Hudson y aumentó el comercio y desarrollo todo el Occidente de los Estados Unidos.

La principal razón para construir canales se basa en que la navegación interior por agua es mucho más económica que cualquier otro medio de transporte.

En la Nueva Granada se construyó el Canal del Dique alrededor de 1650 por el Gobernador de Cartagena Don Pedro Zapata de Mendoza, conectando la Bahía de Cartagena con el Río Magdalena.

Como se mencionó anteriormente, el primer Canal Interoceánico de Colombia fue excavado por el párroco de Novita Gabriel Arrachategui en 1778, une los ríos Atrato y San Juan por la quebrada Raspadura, que tiene solo dos metros de ancho.

El Canal Interoceánico de Colombia es la obra que está esperando el país para unir los dos océanos a través del Istmo del Darién entre Coredó y Unguía, municipios de Juradó, Riosucio, Unguía (Chocó) y Turbo (Antioquia) y es el único de 30 sitios de América donde se pueden conectar los dos océanos a nivel del mar. Se espera que el Gobierno de Colombia reemplace la ley 53 de 1984 que ordenó la Construcción del Canal. El Canal de Panamá está copado y los nuevos Buques Ultra Grandes (ULCS) de 400 metros de eslora no caben por las esclusas de 355 metros de largas.

https://www.blogger.com/blogger.g?blogID=1450998786120820435#editor/target=post;postID=2843178350807564355;onPublishedMenu=allposts;onClosedMenu=allposts;postNum=0;src=postname

La comisión de EEUU para el Canal Interoceánico, creada por una ley de dicho país, estudió detalladamente 30 sitios probables del continente Americano y concluyó que el único lugar en donde se puede hacer un canal a nivel del mar es en Colombia (Ruta # 25). El informe consta de siete tomos, de los cuales el V corresponde a Colombia.

8.0 Siglo XXI

8.2 CANATCOL, es la Asociación privada de los Consejos Comunitarios y Resguardos Indígenas, propietarios de la Zona del Canal Interoceánico de Colombia, (Ley 70 de 1993). Fue constituida en Quibdó el 18 de noviembre de 2015. Fueron elegidos como miembros del Consejo Directivo:

Presidente Leopoldino Perea Caicedo
Vicepresidente: Yerlin Moña Polpare
Secretario: Juan Andrés Moreno Moreno
Tesorero: Nilson Mosquera Sierra
Fiscal General I: Gilberto Panesso Arango
Fiscal General 2: Emigdio Pertuz Buendia
Vocal 1: Baltazar Mecha Forasteros
Vocal 2: Oscar Murillo
Vocal 3: Francisco Murillo Ibarguen

El propósito principal y la mayor prioridad de CANATCOL, AP es la construcción del Canal Interoceánico de Colombia.

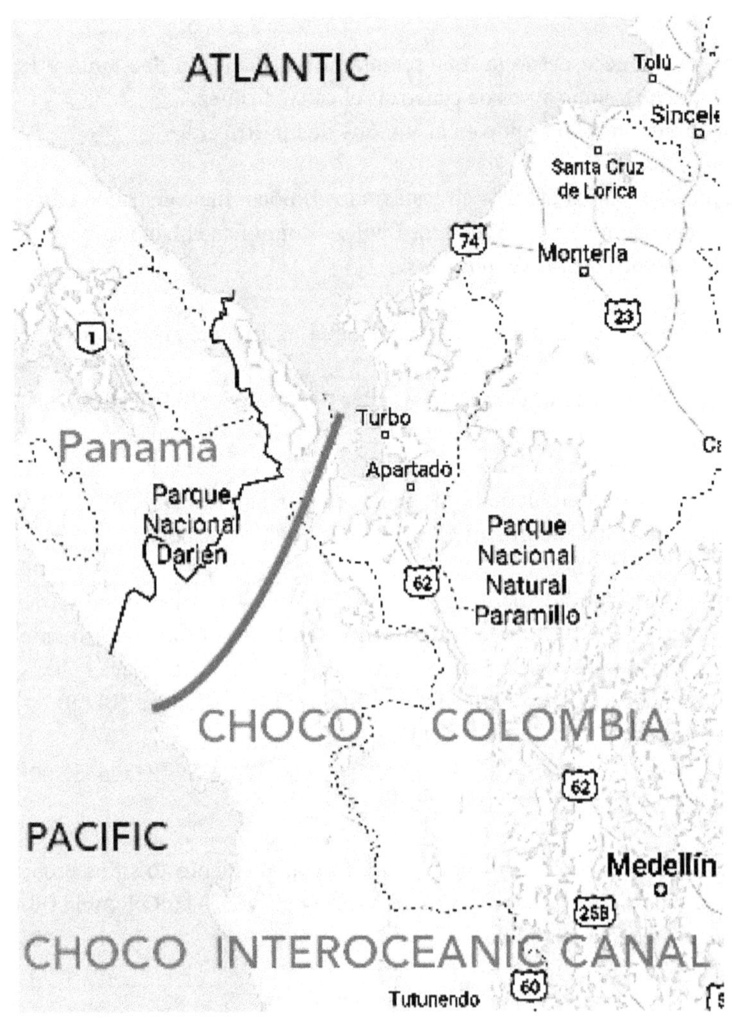

8.0 Siglo XXI
8.3 Canal Interoceánico de Colombia
COREDO 6.93 –77.65 a UNGUIA 8.25–76.98
Municipios de Juradó, Riosucio y Unguía, Departamento del Chocó, Turbo (Antioquia)

El Canal comenzará en Coredó (6.9 3333, –77.65) en el Pacífico. El corte abierto empezará en el punto intermedio entre la laguna del río Curiché y la fuente del río Coredó. Se alcanzará la Serranía de Baudó (5 km desde la playa). Se cruzará a través de un corte abierto de 4.800 metros a través de la montaña de basalto (esto será la parte más difícil y el 85% de la obra).

La opción de seguir el curso de los ríos Truandó y Atrato propuesta en los Siglos XIX y XX no es válida ahora cuando los buques son gigantescos, difíciles de maniobrar y de hacer curvas, por lo tanto, se recomienda hacer un trazado con una sola curva muy amplia.

Es necesario trazar la línea del Canal para demarcar un corredor de 200 metros de ancho a cada lado de la línea, para hacer el inventario forestal, tasarlo y someterlo a una subasta. El CN Gustavo Angel Sanín estimó el valor de los árboles de madera fina en USD$ 3.500 millones, suficientes para hacer todos los estudios, los seis campamentos y empezar la obra.

Tanto Kennish (1855) como Michler (1861) propusieron excavar un túnel de 4.8 km de largo para cruzar la Cordillera de Baudó. Hoy en día se necesita un corte a cielo abierto en la Serranía de Baudó. La geología muestra que la Serranía de Baudó se compone de roca de basalto. Los taludes fueron calculados en 1949. El prisma tiene que tener una base de 200 metros de ancho. El corte es similar al del Canal de Corinto que se hizo en el siglo XIX cuando Nobel no había inventado la dinamita. La Serranía se debe cortar por los dos lados al mismo tiempo.

Hay máquinas Jumbo con martillos neumáticos que pueden usarse para hacer estas excavaciones. Después de hacer las perforaciones se llenan con Cementos Expansivos [Depandex® o Da-mite®] que fracturan la roca sin explosiones. [Furukawa, y Rodríguez Londoño, FRD, Furukawa SA, Roca Drilling Co. LTD. Cll 22 No 34-63 Bogotá, Colombia; Sandvik Hefimec, Ltda Carrera 62 No. 14 -86, Bogotá]. Una mejor alternativa es el uso del láser de Alta Energía: Un megavatio puede cortar 10 metros de basalto por hora, esto reduciría tiempo y costo a la mitad.

Para aplanar el lecho del canal se usa una máquina de cortar basalto fabricada por Vermeer modelo T1655 Commander 3. Otra posibilidad es la perforación con pulsos eléctricos [info@terracoh- age.com.com j.griffin@terracoh-age.com, John Griffin TerraCOH, Inc. Tel 612-201-6896]

Diseño.

Teniendo en cuenta que los nuevos Buques Ultra Grandes de Contenedores (ULCS) de mas de 18.000 TEU, son difíciles de maniobrar, lo ideal será un diseño con una sola curva de radio de mas de 10.000 metros a partir de Coredó, Municipio de Juradó, Chocó: Latitud: 7.06833 Longitud -77,66537368297577). El corte empezará al Sur de la laguna de Curiché y al Norte de la fuente del río Coredó para protegerlos. Se dirige hacia el NE, necesita un corte a cielo abierto de de 4.800 metros de largo por 200 metros de ancho en la base y 28 metros de profundidad.

La línea cruzará la Serranía de Baudo y seguirá directamente hasta un sitio al Norte de Riosucio para llevar la línea al Este del río Peyé y las cienagas de Tumarandó, límites orientales del Parque Nacional de los Katíos y terminar por el caño Tarena, Municipio de Unguía. Serán necesarios generadores eléctricos para permitir la construcción de 24 horas en tres turnos de 8 horas, seis días a la semana, cortando la montaña desde los dos frentes Este y Oeste.

Para mover 100 millones de toneladas de roca basáltica (Cerrejón produce 32 millones de toneladas de carbón al año) se necesita un ferrocarril paralelo al Canal sobre el costado oriental entre Coredó y el final de las estribaciones de la Serranía de Baudo, (25 km). Sería ideal si fuera eléctrico o con motores de celdas hidrógeno, vagones de volteo lateral para mover las rocas basálticas de Baudó y transferirlas a barcazas para llevar las rocas a las orillas del canal para protegerlas y hacer jarillones de 4 metros de alto por cuatro de ancho en el costado oriental y de 1 metro de alto y de ancho en el banco occidental.

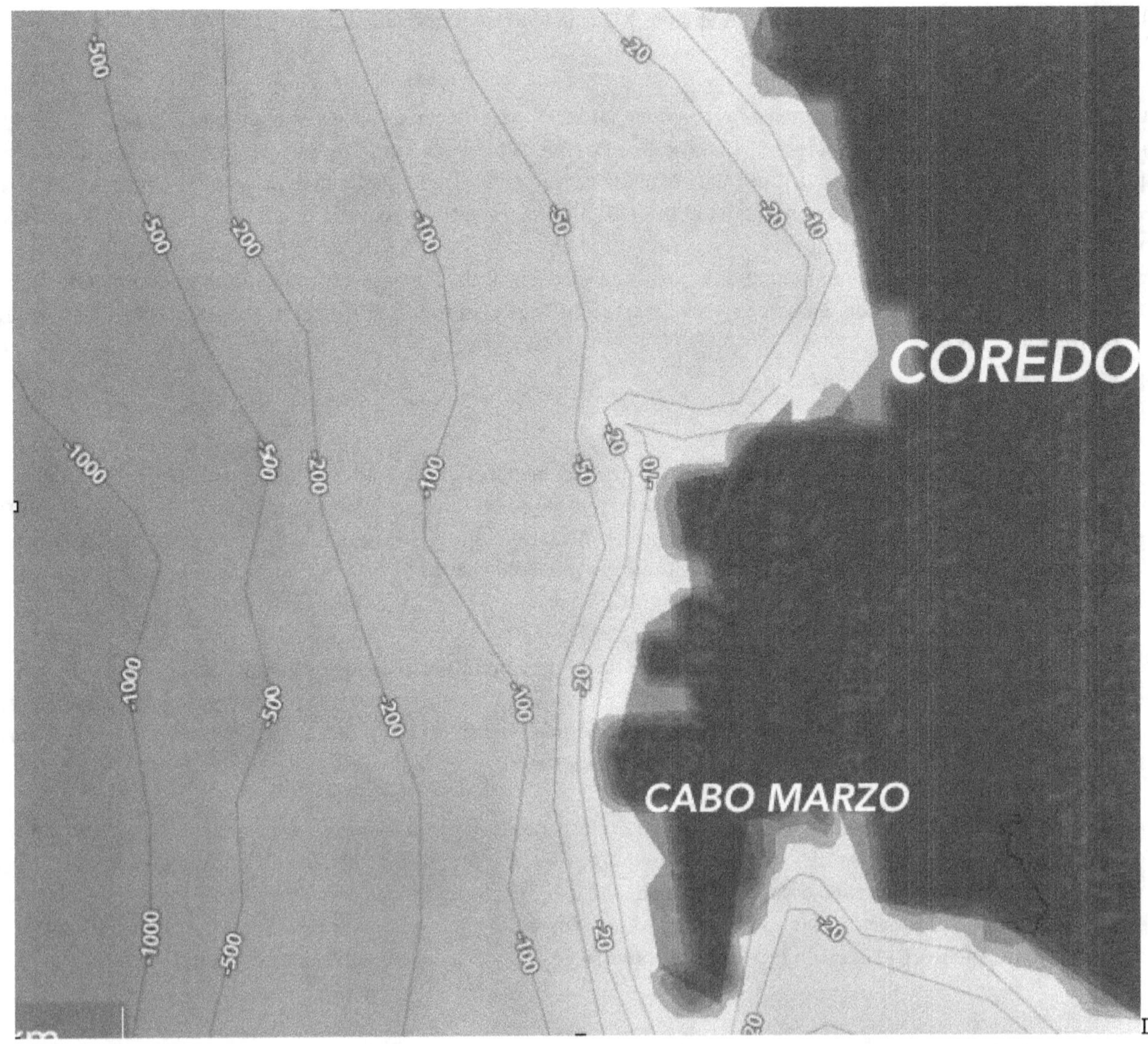

Diseño de un puerto de aguas profundas en Coredó (Batimetría muestra profundidades de 10 a 20 metros que se deberán dragar a 28 metros con todas las instalaciones).

El plan maestro de desarrollo de una ciudad inteligente para 100.000 habitantes lo cual eliminaría el desempleo del Chocó, podría incluir:

- Zona industrial.
- Centro ferroviario.
- Fábricas de maquinaria pesada.
- Fábrica de astilleros.
- Aeropuerto internacional en Cabo Marzo.
- Planta de 250 MW de energía de mareas en el Pacfico (4.2 metros mareas altas) y otra de 150 KW energía geotérmica en las fuentes termales de Juradó, Unguía y Nuqui, para generar electricidad para la Zona del Canal.
- Plantas de cemento en Cabo Tiburón y Napipí donde hay yacimientos.

Canal Interoceánico DE COLOMBIA
COREDO 6.93 -77.65 a UNGUIA 8.25-76.98
Municipios de Juradó, Riosucio y Unguía, Departamento del Chocó, Turbo (Antioquia) Escala 1:10.00

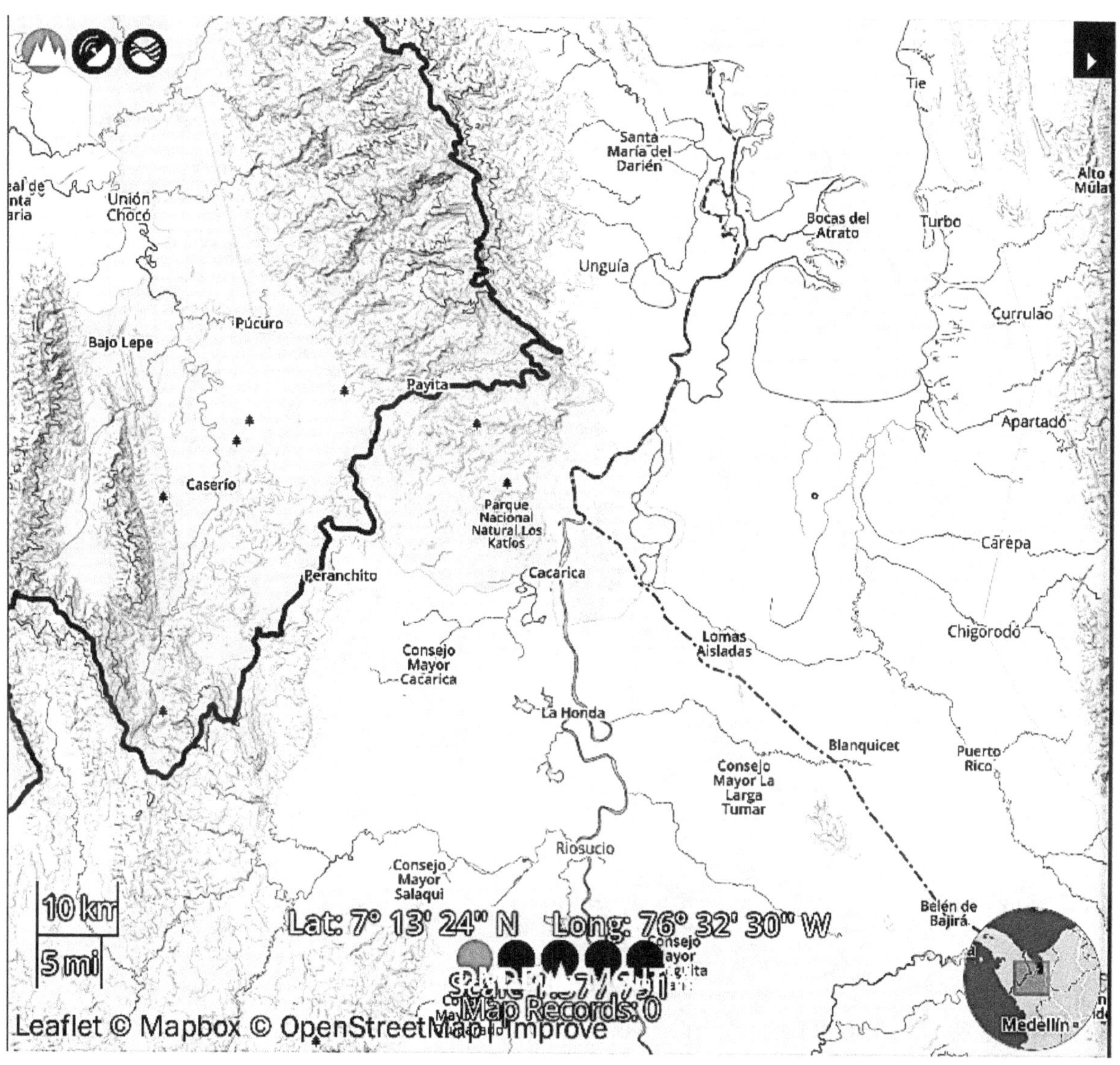

Tie
Alto Mulat
eal de nta aria
Unión Chocó
Santa María del Darién
Bocas del Atrato
Turbo
Unguía
Currulao
Púcuro
Bajo Lepe
Apartadó
Payita
Carepa
Caserío
Parque Nacional Natural Los Katíos
Chigorodó
Peranchito
Cacarica
Lomas Aisladas
Consejo Mayor Cacarica
La Honda
Blanquicet
Puerto Rico
Consejo Mayor La Larga Tumar
Riosucio
Consejo Mayor Salaqui
Belén de Bajirá
Consejo Mayor
Lat: 7° 13' 24" N   Long: 76° 32' 30" W
Map Records: 0
Medellín
10 km
5 mi
Leaflet © Mapbox © OpenStreetMap Improve

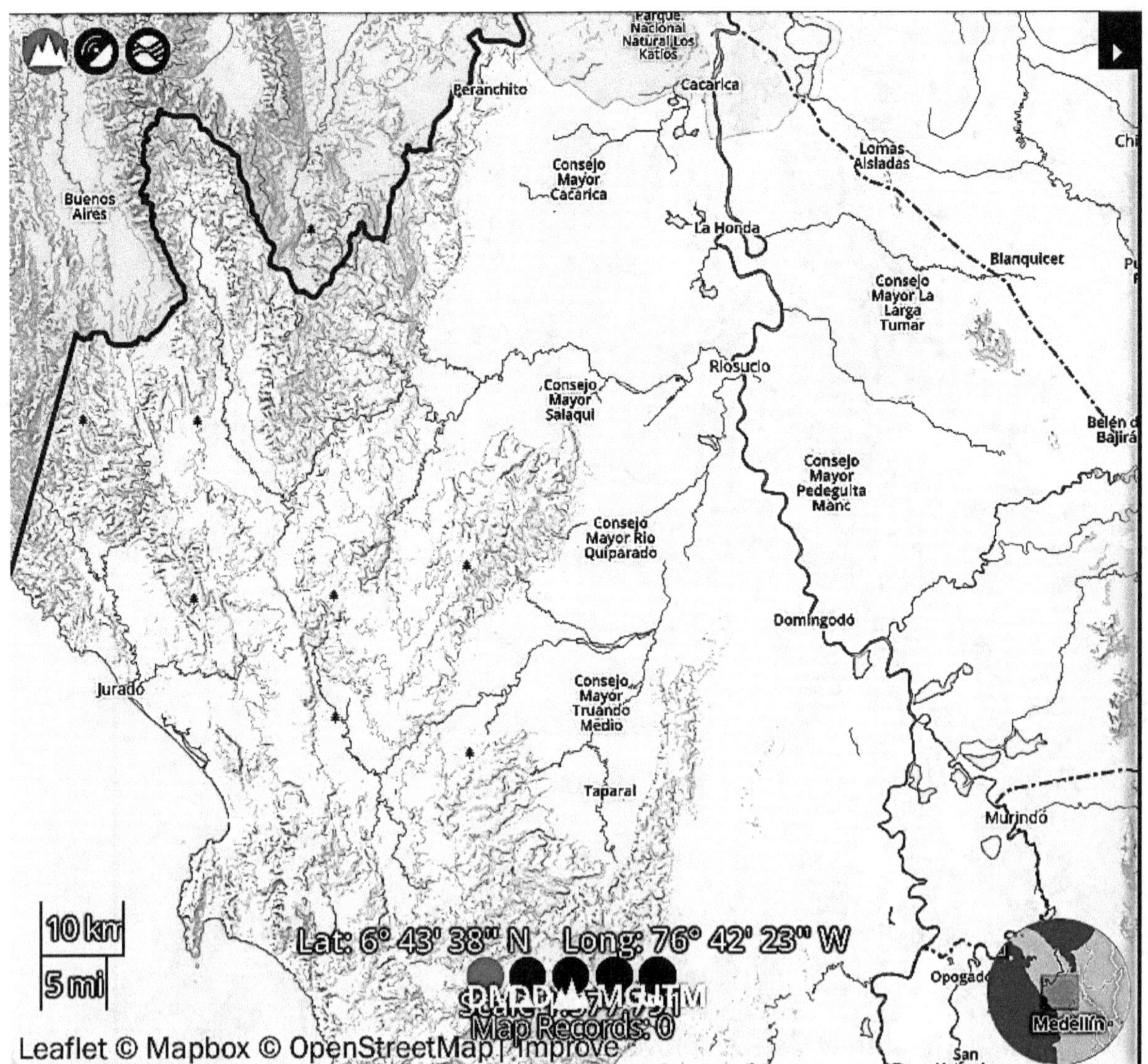

El Canal Interoceánico a nivel del mar permitirá el paso de buques ultra grandes de contenedores (ULCS) que no caben por las nuevas esclusas del Canal de Panamá.

ETUDIOS AMBIENTALES

La preocupación fundamental de los propietarios de la Zona del Canal de Colombia integrados en la Asociación Privada CANATCOL es la protección del medio ambiente, principalmente porque se trata de su propio habitat. Los grupos indígenas de la Zona del Canal consideran sagrada la naturaleza, y no permitirán que CANATCOL, haga un daño a la misma.

La Zona del Canal de Colombia es una de las más lluviosas del mundo con lugares como Lloró en donde caen 15 metros de agua al año. La región es húmeda, donde se encuentran miles de especies animales y vegetales muchas de las cuales todavía se están descubriendo. La idea de hacer el Canal de Colombia no es destruir el ambiente, ni promover la tala de árboles, la extinción de estas especies únicas de la fauna y la flora Colombianas o la contaminación del agua. Al contrario, para este proyecto en que se desea fomentar el desarrollo de la región, se propone la protección del medio ambiente, a través de la creación de reservas forestales y animales, donde se perpetúe la continuación y protección de estas especies y donde se promueva la procreación y curación de animales heridos.

Se necesita además desedimentar las bocas de los ríos, para que se mantengan libres de arena y así puedan navegar los buques. Este trabajo con el elemento acuático incluirá también la decontaminación de los ríos que estan polucionados con mercurio y cianuro debido a su empleo en la minería del oro. Los ríos en la zona deben limpiarse y promover la cría de peces y camarón, lo cual contribuirá a la nutrición de la población indígena en la Zona del Canal. Se invitará a grupos de estudiantes y clubes (Club Rotario, Club de Leones) a adoptar areas del canal, donde voluntarios limpien la zona de basuras y donde se empleen métodos para decontaminar el agua. Este trabajo es una obra de amor, por esta zona olvidada de Colombia, pero donde los recursos naturales son un regalo muy especial de la naturaleza.

Para excavar el Canal de Colombia hay necesidad de talar una Zona de 100 km de larga entre Coredó y Riosucio por 300 metros de ancha. CANATCOL, AP se compromete a reforestar la Zona con el mismo número de árboles talados, dando trabajo permanente a Ingenieros Forestales. El Pino del Caribe es una especie que se ha sembrado en los Llanos Orientales de Colombia, cubriendo miles de hectáreas y sería una especie a considerar para resembrar en las orillas del Canal de Colombia.

El Instituto de Investigaciones Ambientales del Pacífico (IIAP) realizó el estudio de factibilidad de la Navegabilidad del río Atrato patrocinado por Invías en el año 2011. En el 2014 la Sociedad Colombiana de Ingenieros (SCI) le otorgó el Premio Lorenzo Codazzi por este estudio.

En 1956 la SCI otorgó el mismo premio al estudio de prefactibilidad elaborado por el Ingeniero Militar Coronel Luis Laverde Goubert, quien fue uno de los miembros de la expedición Colombo Americana que recorrió la ruta Atrato Truando en los años 40.

Los estudios determinaron que el río Atrato es la mejor vía fluvial navegable del país. "Se utilizó la metodología de un grupo de trabajo interdisciplinario para la caracterizacion biótica, abiótica, socioeconómica y cultural del Canal navegable del Atrato". Se realizó el estudio hidro-climatológico de la cuenca del río Atrato y levantamiento topo-batimétrico con asesoría internacional de la Fundación Antares de Holanda. Los estudios concluyeron que "el Canal navegable de río Atrato es factible desde un punto de vista técnico, ambiental, socio-económico y cultural."

Es recomendable completar los estudios ambientales con la misma institución de reconocido prestigio nacional e internacional y para ello se han iniciado conversaciones con las autoridades del IIAP que esperan la financiación del trabajo para completar el estudio del resto del trayecto de la Zona del Canal entre UNGUIA 8.0467° N, 77.0932° W, en donde termina el caño Tarena, (una de las ramas del delta del río Atrato, en donde existe la posibilidad de hacer un puerto de aguas profundas) y COREDO 6.93333° N -77.65 ° W en el Pacífico, al sur de la Bahía de Humboldt y protegido por el Cabo Marzo. La Zona del Canal comprende los municipios de Juradó, Riosucio, Unguía (Chocó) y Turbo (Antioquia).

9. Proyecto de Ley 2019
Se ha enviado este Proyecto de Ley al Presidente de la República y Senadores para su consideración.

OBJETIVO: Proyecto de Ley por el cual se ordena la construcción del Canal Interoceánico de Colombia y se dictan otras disposiciones.

El Congreso de la República de Colombia decreta:
ARTICULO PRIMERO: Incluir el Canal de Colombia (Unguía-Coredó), Municipios de Juradó, Riosucio, Unguía (Chocó) y Turbo (Antioquia) dentro del Plan Nacional Vial como proyecto de interés público mundial, con prioridad maxima para su construcción, operación y mantenimiento.

ARTICULO SEGUNDO: Se ordena a los 27 batallones de ingenieros militares de Colombia la construcción del Canal Interoceánico de Colombia entre Corredó 6.93 -77.65 y Unguía 8.25-76.98.
PARAGRAFO: Reconocer a la Asociación Privada Canal Atrato-Truando, Colombia (CANATCOL, AP) establecida de acuerdo con la ley 1508/2012 e integrada por los propietarios de la Zona del Canal: Consejos Comunitarios Afro -Colombianos y Cabildos Indígenas de los Municipios de Juradó, Riosucio, Unguía (Chocó) y Turbo (Antioquia). (Ley 70/1993).

ARTICULO TERCERO: La obra del Canal Interoceánico de Colombia tendrá prioridad máxima como la obra de infraestructura más rentable que puede hacer Colombia.

ARTICULO CUARTO: Los préstamos que sean necesarios para la construcción del Canal tendrán la garantía del Estado a traves de FINDETER, de la Corporación Financiera de Desarrollo Nacional (FDN), y otras entidades crediticias.

ARTICULO QUINTO: Se solicitará la asistencia técnica del Centro del Agua de la UNESCO LATINOAMERICA (Ley 24/1959).

ARTICULO SEXTO: Se otorga exención de todos los impuestos para la construcción del Canal y por un lapso de diez años a todas las industrias que se establezcan en el territorio de la Zona del Canal.

ARTICULO SEPTIMO: Se prohibe la exportación de mineral de platino en bruto y se exige la construcción de una refinería en el Departamento del Chocó controlada por el Banco de la República.

ARTICULO OCTAVO: Imponer un impuesto del 50% sobre la explotación de los recursos naturales de la zona (oro y platino) del Canal Atrato-Truandó de Colombia. Estos recursos estarán dedicados a la Construcción del Canal Atrato-Truandó, Colombia a nivel del mar, al mantenimiento de dicho canal y al desarrollo socio-económico de la Zona del Canal Atrato-Truandó.

ARTICULO NOVENO: Se prohibe la destrucción de los equipos pesados confiscados a los mineros ilegales por las fuerzas armadas. Se ordena entregarlos, a los ingenieros militares para dedicarlos a la obra.

ARTICULO DECIMO: Se ordena contratar con una Facultad de Ingeniería Civil de una Universidad Colombiana la elaboración de los estudios de prefactibilidad, factibilidad, estudios ambientales, planos de construcción del Canal de Colombia, para entregarlo en el término de un año a partir de la fecha del contrato.

ARTICULO UNDECIMO: Esta ley supercede cualquier otra ley, decreto o disposición que le sea contraria, por tratarse de un proyecto de utilidad pública y la construcción deberá iniciarse en el término de 45 días después de obtener las licencias correspondientes. Se iniciará con una misión de ingenieros militares e ingenieros agro forestales para demarcar la ruta, hacer el inventario de la madera fina para venderla y financiar la primera etapa del proyecto.

ARTICULO DUODECIMO: Modificar el Escudo Nacional: El tercer cuartel con el Istmo de Panamá será reemplazado por el Canal de Colombia.

PARAGRAFO: Se ordena al Ministerio de Transporte e Infraestructura elaborar el reglamento de esta ley en el término de 45 días. Esta ley regirá a partir de su publicación en el Diario Oficial.

10. Plan de Negocios

Canal Interoceánico Atrato-Truandó, CANATCOL, Asociación Privada

CONTENIDO

1. Resumen Ejecutivo:
a. Misión
b. Objetivos
c. Qué se ha hecho?
d. Qué se necesita?
2. Departamento del Chocó
   a. Recursos
   b. Comunicaciones, Infraestructura
   c. Indicadores Socio-económicos
3. Departamento de Antioquia
4. El Canal Atrato-Truando y CANATACOL, Asociación Privada (ley 1508/2012)
      a. Especificaciones
   b. Trazado
   c. Presupuesto
5. Administración, Manejo y Personal
6. Capital
7. Proyecciones Financieras

1. **Resumen Ejecutivo**
a. Misión
Asociación Privada, Canal Interoceánico Atrato-Truandó, CANATCOL, AP Colombia.

CANATCOL, es una Asociación Privada integrada por los propietarios de la zona del Canal Atrato-Truandó, Colombia, en los Municipios de Juradó, Riosucio y Unguía (Chocó). CANATCOL, AP fue constituida en virtud de la Ley de la República de Colombia #1508 de 2012. Los propietarios de la zona del Canal son las Consejos Comunitarios Afrodescendientes y los Cabildos Indígenas de los municipios mencionados (Ley #70 de 1993). CANATCOL, AP fue constituído por escritura pública en noviembre, 2015 y registrada en la Cámara de Comercio de Quibdó, NIT No. N900 931 385-1.

CANATCOL, AP busca acabar con la crisis humanitaria denunciada por los Obispos Católicos y confirmada por la Defensoría del Pueblo y las Naciones Unidas.

CANATCOL, AP respeta las costumbres y tradiciones de los propietarios, busca mejorar las condiciones de salud, nutrición, educación, vivienda y bienestar.
La prioridad máxima de CANATCOL, AP es la construcción del Canal Interoceánico para producir un flujo de fondos contínuo que permita el desarrollo armonioso de las comunidades.

CANATCOL, AP planea dotar al Departamento del Chocó y al Municipio de Turbo de la energía eléctrica necesaria para industrias, para proveer de agua pura a todos los habitantes, construir las plantas de tratamiento de aguas usadas para prevenir el daño a la naturaleza.

b. Objetivos
CANATCOL, A.P. Se propone informar a todos los habitantes de los Departamentos del Chocó y Antioquia de la necesidad de descubrir el tesoro oculto que tienen para beneficio de la comunidad.

CANATCOL, AP busca crear riqueza con un flujo continuo de dólares para dedicarlos a la solución de la crisis humanitaria, a la salud, educación y al bienestar y desarrollo del potencial oculto de las zonas ocupadas por sus propietarios.

La máxima prioridad es la construcción del Canal Interoceánico a nivel del mar entre Coredó 6.9 3333, -77.65 y Unguía 8.25,-76.98

c. ¿Qué se ha hecho?
c1. Estudio de Prefactibilidad: Tesis Coronel Luis Laverde Goubert, Escuela Superior de Guerra, 21956. Premio Lorenzo Codazzi. 600 Páginas, copias mecanografiadas en Escuela Superior de guerra y SCI.

c2. Planos y estudios económicos del Canal Atrato-Truandó hechos por el Gobernador del Canal de Panamá (Ley 280 de EEUU firmada por Presidente Harry S. Truman).

c3. Planos y estudios económicos del Canal Atrato-Truandó hechos en Nueva York por Tippetts-Abbett-McCarthy-Stratton (TAMS). Nathanson, 1965 (LEY 53/1964).

c4. Estudios del Laboratorio Central de Hidráulica de Francia 1969.

c5. Ley 53 de 1984 firmada por el presidente Belisario Betancur, caducó sin cumplirse.

d. ¿Qué se necesita?
d1. Obtener Certificados Catastrales de las propiedades de la Zona del Canal,

d2. Modificar y actualizar estudio de Prefactibilidad y Factibilidad, d3. Trazado de la ruta en escala 1:10.000 (fotos satelitales),

d4. Estudios ambientales de la Zona del Canal Atrato-Truandó, incluyendo censo de los árboles de la Zona entre Coredó y Riosucio: ~100 km por 150 m de cada lado de la línea del Canal. CANATCOL se compromete a reforestar toda las zonas con él mismo numero de árboles talados.

d.5 Presentar al Departamento Nacional de Planeación, a la Agencia Nacional de Infraestructura (ANI) las escrituras, y al Ministerio de Transporte e Infraestructura y ANLA planos y estudios ambientales para su aprobación.

d6. Obtener los recursos necesarios para construir la obra: Hay varias opciones:
a. La Corporación Financiera Internacional del Banco Mundial ofrece préstamos blandos para proyectos regionales siempre y cuando los Gobernadores, autorizados por las Asambleas de la región hagan la solicitud.

b. Dar en Concesión por un lapso de 30 años a una empresa nacional o extranjera el rediseño, financiación construcción, operación, mantenimiento del Canal Atrato-Truandó.

d7. El Gobernador de Antioquia puede solicitar a los Senadores Antioqueños un nuevo proyecto de ley para reemplazar a ley 53 de 1984, firmada por el Presidente Belisario Betancur por el cual se ordene a los 27 Batallones de Ingenieros Militares hacer la obra y a la Universidad Militar Nueva Granda hacer todos los estudios necesarios para obtener la licencia de construcción.

d8. Construir el Canal Interoceánico Atrato -Truandó.

2. Departamento del Chocó
El Departamento del Chocó es una de las 32 divisiones geopolíticas de Colombia, lleva el nombre de una tribu que habita la esquina Noroeste de Colombia, vecina de Panamá. Es el único Departamento de Colombia con costas sobre los dos océanos.
Tiene una superficie de 46.530 km2 y 500.000 habitantes:
· Afrocolombianos (82.1%)
· Amerindios o Indígenas (12.7%)
· Blancos y Mestizos (5.2%)
Chocó tiene 32 municipios entre los cuales están Juradó en el Pacífico, Riosucio sobre el río Atrato y Unguía en el Golfo de Urabá, Mar Caribe.

El Departamento del Chocó produce el 47% del oro de Colombia, aproximadamente un millón de onzas Troy al año. También 100% del Platino, la cifra exacta no se conoce por qué las compañías mineras multinacionales exportan el mineral en bruto pues no hay refinerías en el Chocó. El Departamento del Chocó es una de las regiones con mayor pluviosidad del mundo: Lloró recibe 13.300 mm de lluvia al año, (equivalente a 12 metros de lluvia). El Chocó tiene más de 1.000 ríos pero no tiene agua pura ni electricidad.

El río Atrato es el cuarto más caudaloso del mundo con un aforo de 5.000m/3/seg. Tiene 750 km de longitud una trayectoria Sur-Norte, desagua por un delta en el golfo de Urabá. Con cierta periodicidad el valle del río Atrato se inunda y cubre con sus aguas vastos territorios, inundando varias ciudades. En Riosucio, las aguas suben por lo menos tres metros de altura. Uno de sus afluentes más importantes es el río Truandó que nace en la Serranía de Baudó, tiene curso N–NE y desemboca en el Atrato a la altura de Riosucio. Está separado del Océano Pacífico por la Serranía de Baudó.
a.   Recursos
El Presbítero Federico Cornelio Aguilar escribió un libro en 1884, titulado "Colombia en presencia de las Repúblicas Hispanoamericanas", Imp I. Borda, (Bogotá) 1884; y concluye lo siguiente:
"El Atrato que recibe 150 afluentes y 300 quebradas navegables, recorre 134 leguas, de las que 118 están por vapores, baña el opulento Chocó, uno de los países más ricos del mundo, sino el que más, en minas de oro* y por medio de un corto arrastradero se pone en comunicación con el también navegable San Juan, desembocando este en el Pacífico y aquel en el Atlántico."
* Las riquezas geológicas del Chocó son incalculables, dice M. Armando Recklus: "los grandes depósitos aluviales de Australia, que pueden ser, en parte tan ricos como los del Chocó, no están por lo general expuestos a la acción de los ríos". Humboldt dice:

"El Chocó podría producir por sí solo más de diez mil marcos de oro de lavadero [sic], al poblar esa región, una de las más fértiles del mundo y la más rica en oro". Y M. Molein: "En el Chocó, el suelo es por decirlo así, enteramente de oro".

Las cifras oficiales son las siguientes, obviamente no incluyen la minería ilegal. Las cifras del platino son dudosas por que no hay refinería en el Chocó. Chocó produce el 100% del Platino de Colombia que se esfuma como el resto del Oro.

Producción de Oro y Platino, Departamento del Chocó 2008-2013
Total Platino: 6.280.22 Kg, 2012.905 Onzas Troy
            US $243.901.240

Total Oro: 126.495.29 Kg 4.066.823 Onzas Troy
            US$ 5.010.325.936

Total Oro y Platino:
            US $ 5.254.227.176

Con base en estos datos, no se puede concebir como el Departamento más rico de Colombia que produce el 47% del oro y el 99.9% del platino se encuentre en crisis humanitaria, en la pobreza de más del 67% de sus habitantes y en la pobreza extrema del 9% de la población de medio millón de habitantes. 60% es la cifra de desempleo estimada por los Obispos Católicos de las tres Diócesis del Chocó. Entonces, nos preguntamos:

¿Qué se hace todo ese oro y platino que se esfuma y no deja sino cicatrices? ¿Por qué los niños de 5 a 10 años se suicidan por hambre?

¿Por qué tiene la mortalidad materna e infantil más alta del hemisferio Occidental?

¿Por qué teniendo 1.000 ríos no tiene agua potable ni electricidad?

¿Por qué los exámenes del ICFES colocan a las escuelas en el último lugar?

La agricultura no es posible en Chocó debido a la gran pluviosidad, aunque una posible solución son los cultivos acuapónicos.

En la zonas cercanas a las costas se cultiva el banano, yuca, y la alimentación se complementa con la pesca. En la población de Lloró, la compañía Coca-Cola está envasando el agua lluvia.

b. Comunicaciones, Infraestructura.

El desplazamiento de la población se hace principalmente por canoa en los ríos. Solo existen dos carreteras: una conecta a Quibdó con Medellín, 200 km en los cuales se gastan 16 horas de viaje. La otra, Quibdó-Pereira, sometidas con frecuencia a derrumbes y suspenden la circulación con frecuencia. El aeropuerto de Quibdó se acaba de remodelar.

c. Indicadores Socioeconómicos

En el segundo decenio de este milenio, existe una crisis humanitaria en el Departamento del Chocó, que incluye:

1. Mortalidad materna 358:100.000 (la más alta del hemisferio Occidental).
   Mortalidad infantil 110:1000 (DANE).
2. Niños de 5 a 10 años se suicidan por hambre (RCN, 2012).
3. Desnutrición y anemia 73% (ICBF).
4. Desempleo 28.5% (Cifra del DANE, pero según los Obispos del Chocó es del
   60%).
5. Infraestructura mínima.
6. Indice de pobreza 67% (DANE)
7. Doce hospitales que no tienen agua, ni energía eléctrica y no pagan al
   personal.
8. Educación: Los exámenes escolares del ICFES mostraron que el Chocó está en el último lugar de Colombia y Colombia este en el último lugar del mundo. Es necesario hacer algo por el Departamento más rico de Colombia, que produce más de un millón de onzas de oro y platino, al año.

"Colombia es, en verdad, la llave de oro entre el Océano Atlántico y el Pacífico, llave que todos querrían acaparar para abrir el Canal Interoceánico al cual sonríen y al mismo tiempo temen todas las naciones del orbe. Colombia, la del Canal monstruo, la de gloriosas leyendas, la de riquezas ingentes, semillero de millones, Babilonia del comercio" Nicolás Aristizábal Llanos, 1912.

3. Departamento de Antioquia: (Colombia) localizado en la zona noroccidental del país. Limita al norte con el mar Caribe y con el departamento de Córdoba; al occidente con el departamento del Chocó; al oriente con los departamentos de Bolívar, Santander y Boyacá; y al sur con los departamentos de Caldas y Risaralda. Su capital es la ciudad de Medellín
https://www.ecured.cu/Departamento_de_Antioquia_(Colombia)
En 2017 se estimaba una población de 6.613.118 de los cuales 79% es de origen Europeo, 16% Amerindia y 6% Africana.
La población afrocolombiana que habita en Antioquia la constituyen 598.006 personas según el censo del 2005, lo que representa el 10.9% de la población total.

La tesis de algunos alumnos de la Universidad de la Salle en Bogotá trataba sobre el proyecto para el estudio, construcción, montaje, puesta en marcha y control del Canal Interoceánico Atrato – Truandó.

Sucesivamente los gobiernos de Carlos Lleras Restrepo, Alfonso López Michelsen, Belisario Betancur, Virgilio Barco y César Gaviria, retomaron a su vez el tema, realizando otros estudios o simplemente dándole un nuevo impulso. En el 2010 concretamente el mes de diciembre se presentaron las Iniciativas de Conexión de Antioquia con el Noroccidente Colombiano de 2010 por la Gobernación de Antioquia en convenio con la Escuela de Ingenieros de Antioquia para el BIRD Antioquia (Banco de Iniciativas Regionales para el Desarrollo de Antioquia). Allí se encuentran el Plan Arquímedes, la Autopista de la Montaña, hidroeléctrica, ferrocarril y las vías para el Canal Interoceánico.

En el 2014 una investigación encabezada por el ingeniero Jaime Jiménez, coordinó y lideró el grupo investigador que revela las potencialidades de navegabilidad del río Atrato "Descubrimos que el río Atrato es navegable en todo su recorrido y no tiene problemas de sedimentación". En la investigación se abordaron los componentes geológico, geomorfológico, catastral, ambiental, económico, social, hidrológico, hidráulico, de transporte y naval.

Los resultados más relevantes confirman al Atrato como la mejor arteria fluvial en términos de su caudal y de los días navegables al año sin requerimientos de intervención física.

4. Proyecto Canal Interoceánico Atrato-Truandó.
Colombia dispone de casi todos los estudios para construir el Canal Interoceánico.
Estos incluyen los siguientes:
1. Trazado original de la expedición del Ingeniero William Kennish en 1856.
2. Estudios hidrométricos realizados por comisiones de EEUU y de Colombia. La última comisión dirigida por Belisario Ruiz Wilches, Julio Fajardo, Santiago Garavito y Leonzio González. También el Mayor Añez del Cuerpo de Ingenieros Militares de Colombia en 1949.
3. Estudio de Prefactibilidad de Laverde Gubert, L: Canales de Colombia 1956, (Tesis de Escuela Superior de Guerra, Premio Lorenzo Codazzi).
4. Mapas de los ríos Atrato-Truandó en escala 1:25.000 por el Instituto Geográfico Agustín Codazzi, en 1964.
5. Estudio por la Universidad de la Salle 1996.
6. Estudio de la Escuela de Ingenieros de Antioquia 2010.
7. Estudio de Navegabilidad del río Atrato del Instituto de Investigaciones Ambientales del Pacífico (IIAP) 2014.
La construcción del Canal requiere el desarrollo de un tren Hydrail paralelo al Canal, para llevar 60 millones de toneladas de roca de la Serranía del Baudó a otros sitios.
El Canal de Colombia es el único sitio en donde se puede hacer una comunicación a nivel, sin esclusas entre los dos océanos. Hace 163 años Kennish propuso hacer dos túneles de 4.8 km de largo para atravesar la Serranía del Baudó. Estudios geológicos han demostrado que se trata de una región firme, sin fallas tectónicas ni actividad volcánica. El Atrato es el cuarto río más caudaloso del mundo con un aforo de 5.000 m3/sec en la desembocadura, profundidad variable entre 25 y 30 metros, anchura entre 150 y 500 metros, velocidad de 2 nudos por hora.

La parte correspondiente al Canal de Colombia mide 92 kilómetros desde Riosucio (el punto más elevado a 42 msnm). Las 300 referencias sobre el Canal de Colombia, indican que se han hecho todos los estudios geográficos, geológicos, topográficos, ambientales, hidráulicos, y sanitarios. Colombia merece que este canal se construya durante nuestra generación para el beneficio de todos los Colombianos.

Qué se necesita para hacer el proyecto?
A. Trazado: Trazar la ruta del Canal Atrato-Truandó, Coredó 6.9 3333, -77.65 y. Unguía 8.25-76.98,

B. Inventario: Hacer el inventario de los árboles de dicho trayecto. Se estima que valen US\$3.5000 millones. (Sanín, 2003)

C. Estrategias:
1. Otorgar la máxima prioridad, autorizar al Ejecutivo para ordenar a la Corporación Financiera Nacional dar la garantía del Estado al Crédito Nacional e Internacional.
2. Autorizar la emisión de bonos y acciones para la construcción y operación del Canal.
3. Es indispensable utilizar la gran altura de las mareas del Pacífico que suben 4.20 m de altura para generar electricidad para todo el Departamento del Chocó.
4. Ordenar a 27 Batallones de Ingenieros Militares hacer la obra.
5. Todas las dragas y equipos pesados decomisadas por la Policía a los mineros ilegales deberán ser entregadas a las FFAA y usadas por los Ingenieros Militares para dragar continuamente los ríos y mantener la profundidad del Canal del Chocó, Colombia. La arena extraída se puede usar para elevar el nivel de los nuevos puertos por encima de 6 metros de altura, y así prevenir los daños causados por las inundaciones.
6. Es urgente prohibir la exportación de mineral de platino, que llevan en aviones a refinerías extranjeras. Condoto debe tener una refinería propia para dar trabajo a los Chocóanos que viven en la miseria en medio de esta riqueza mineral que sólo deja el 17.5% de impuestos.
7. La Zona del Canal Atrato-Truandó, debería tener una cooperativa semejante a Migros de Suiza, para aprovechar todos los recursos naturales, promover los cultivos y comercializarlos.

D. Especificaciones
Se necesita un canal de doble vía para buques Ultra Grandes de Contenedores (ULCS), que no pueden pasar por las nuevas esclusas del Canal de Panamá y serán el 85% de la Flota Mercante en 2030. El Canal de Colombia tiene un total de 172 km distribuidos así: 26 km de Coredó a la Serranía del Baudó: 54 km
hasta Riosucio; 92 km de Riosucio a Unguía.
El puerto de aguas profundas en el Océano Pacífico estará en Curiché, Municipio de Juradó a 7° Latitud Norte.

Hay necesidad de hacer un corte a tajo abierto en la Serranía del Baudó de 4.800 m de largo, 150 m de ancho en la base y 28 m de profundidad. Esta región constituye el 85% del trabajo de la construcción del Canal, se debe atacar por dos frentes.

La corriente del canal es de 3.2 km por hora. La marea del Atlántico sube un metro en el Atrato. La marea del Pacífico sube 4.2 metros y puede llegar hasta los lagos del Atrato. Los estudios hidráulicos fueron hechos por la Comisión Mixta EU-Colombia en 1949. Posteriormente por el Laboratorio Central Hidráulico de Francia en 1969. El informe del Ingeniero Jean Bottagisio, Director del estudio afirmó que no había ningún problema.
La descripción del trayecto se encuentra en el libro de Kennish de 1855, y se tienen dos leyes, la ley 53 de 1964 y la ley 53 de 1984 para hacer el Canal.

E. Trazado del Canal.
El Canal comenzará en Coredó (6.9 3333, -77.65) en el Pacífico. El corte abierto se hará en el punto intermedio entre la laguna Curiché del río Curiché y la fuente del río Coredó. Se alcanzará la Serranía de Baudó (5 km desde la playa). Se cruzará a través de un corte abierto de 4.800 metros a través de la montaña de basalto. La opción de seguir el curso de los ríos Truandó y Atrato propuesta en los Siglos XIX y XX no es válida ahora cuando los buques son gigantescos, difíciles de maniobrar y de hacer curvas, mejor es un trazado con curvas muy amplias.

Es necesario trazar la línea del Canal para demarcar un corredor de 300 m de ancho a lo largo de la línea, para hacer el inventario forestal, tasarlo y someterlo a una subasta.

Tanto Kennish (1855) como Michler (1861) propusieron excavar un túnel de 3 millas (4.8 km) de largo para cruzar la Cordillera del Baudó.

Hoy en día se necesita un corte a cielo abierto en la Serranía de Baudó. La geología muestra que la Serranía de Baudó se compone de roca de basalto. Los taludes tienen que ser calculados. El prisma tiene que tener una base de 150 metros de ancho. El corte es similar al del Canal de Corinto que se hizo en el Siglo XIX cuando Nobel no había inventado la dinamita.

Como mencionamos anteriormente, hay máquinas jumbo con martillos neumáticos (Furukawa, y Rodríguez Londoño, Furukawa SA), Roca Drilling Co. LTD Av Cll 22 No 34-63 Bogotá, Colombia, y Sandvik Hefimec Ltda Carrera 62 No. 14 - 86, Bogotá o el láser para hacer las perforaciones y llenarlas con Cementos Expansivos [Depandex® o Da-mite®] que fracturan la roca sin explosiones.

Para aplanar el lecho del canal se usa una máquina de cortar basalto fabricada por Vermeer modelo T1655 Commander 3. Otra posibilidad en la perforación con Pulsos Eléctricos (info@terracoh- age.com.com,
    j.griffin@terracoh-age.com, John Griffin TerraCOH, Inc. Tel 612-201-6896)

F. Diseño.
El diseño ideal del Canal será un diseño con curvas de radio de más de 10.000 metros : A partir de Coredó, Municipio de Juradó, Chocó: Latitud: 7.06833 Longitud -77,66537368297577. El corte empezará al Sur de la laguna de Curiché y al Norte de la fuente del río Coredó para protegerlos. Se dirige hacia el NE, necesita un corte a cielo abierto de de 4.800 m de largo por 150 m de ancho en la base y 28 m de profundidad.

La línea cruzará la Serranía de Baudo y seguirá directamente hasta un sitio 11 Km al Norte de Riosucio para entrar en el Río Atrato al Oriente del Río Peyé y de las Ciénagas de Tumaradó, del Parque Nacional de los Katíos y terminar por el caño Tarena, Municipio de Unguía. El diseño de los seis campamentos fue señalado por Kennish en 1855, al Este y Oeste de la Serranía de Baudó para cortar la montaña desde dos frentes. Serán necesarios generadores eléctricos para permitir la construcción de 24 horas en tres turnos de 8 horas, seis días a la semana.

Para mover 100 millones de toneladas de roca basáltica se necesita un ferrocarril de 25 km que vaya de Coredó en Dirección NE hasta el final de la tierra firme de la extensión de la Serranía.

Allí se deberá trasbordar a planchones que lleven el material a los bancos del canal. El ideal si fuera eléctrico o con motores de celdas de hidrógeno, vagones de volteo laterales para mover las rocas basálticas de Baudó y los transportan a las orillas del Canal para protegerlas. Al terminar la construcción del Canal, la línea se podría extender hacia Antioquía, Risaralda y el Quindío y en una segunda etapa hacia Guayaquil y Maracaibo.

Se necesita adicionalmente el diseño de:
1. Dos puertos de aguas profundas en Unguía y en Coredó con todas las instalaciones.
2. Aeropuerto internacional en Cabo Marzo.
3. Plan maestro de desarrollo de una ciudad inteligente para 100.000 habitantes con zona industrial, centro ferroviario, fábricas de maquinaria pesada, astillero, etc.
4. Diseño de la planta de 250 MW de energía de mareas en Juradó (4.2 m mareas altas).
5. Diseño de la planta de 150 KW energía geotérmica en las fuentes termales de Juradó, Nuquí y Unguía se tiene que hacer para generar electricidad para Chocó, el Canal, el FFCC y las nuevas industrias.
6. Dos plantas de cemento en Cabo Tiburón y Napipi.

Canal de Corinto, Grecia

En 1926, la asamblea de Antioquia contrató la construcción del túnel de la Quiebra para comunicar a Medellín con Puerto Berrío. Los planos fueron hechos por un estudiante de Ingeniería.

Hay una patente de EEUU del Sr. Martin A. Stuart # 8220965 de Julio de 2012 para un Láser de alta Energía:

Patents

Laser energy source device and method

Martin A. Stuart

Abstract

Overview
> Abstract
Drawings
Description
Claims

Go

Patent number: 8220965
Filing date: Apr 20, 2010
Issue date: Jul 17, 2012
Application number: 12/763,437

"Los sistemas con rayos de 1.000 KW (1 MW) tienen la capacidad de vaporizar 2.5 cm de diámetro a través de 3 metros de roca por segundo. Esto permitiría hacer el corte de 16 metros a través de 100 metros de roca en un lapso de cinco horas. (Los niveles de velocidad se incrementarán en proporción directa con cada correspondiente megavatio de aumento)". Stuart, Martin A. (Burbank, CA, EE.UU.)

Actualmente el Láser más potente es de la Fuerza Aérea de los EEUU con 150 KW.

Fig. 1. Russian Beriev A-60 (modified IL-76MD) with HEL turret and nose mounted radar. 1.1-MW HEL turret, 2 — radar for detecting aerial targets, 3 — compartment for 2.1 MW turboalternator. Photograph taken at Taganrog Yuznyi Airport in May 2011 by O. Ziminov, RovSpotters Team.

La Marina de Estados Unidos tiene un Láser de 100 KW que acaba de usar para destruir balas de cañón o de mortero, aviones sin piloto, misiles y barcos pequeños.

La Fuerza Aérea Rusa tiene un Láser de 1.1 MW instalado en un avión.

Láser Aéreo Ruso

Israel usa un Láser de 700 KW para derribar los cohetes enemigos.

G. Presupuesto

Suponiendo un costo de US $100 millones por kilómetro, 172 kilómetros del Canal Atrato-Truandó costaría USD$ 17.200 millones. La obra se puede hacer por seis frentes en un lapso de 24 a 48 meses.

Financiación

CANATCOL, AP requiere la más alta prioridad y la garantía de LA CORPORACION FINANCIERA NACIONAL, para la emisión de bonos, acciones y empréstitos internacionales.

La venta de madera de la zona del canal se estima que proporcionará USD $ 3.500 millones.

¿Qué tenemos?

- La esquina más valiosa de América.
- El único sitio del hemisferio donde se puede hacer un Canal Interoceánico a nivel del mar para Buques Ultra Grandes de Contenedores.
- Una Asociación privada de los propietarios de la zona del Canal CANATCOL, AP que desea abrir el Canal Interoceánico.
- 1855 Descripción de la ruta Kennish, Kelley (Nueva York).
- 1861 Informe de la Misión del Teniente N Michler (Washington, DC).
- 1949 Estudio del Canal Atrato-Truandó del Gobernador Canal Panamá (Ley 280/1949 EEUU).
- 1970 Comisión Gobierno EEUU Canal Interoceánico.
- 1964 Estudios de Ingeniería, geología, suelos.
- 1969 Laboratorio Central de hidráulica de Francia.
- 2014 "Navegabilidad Río Atrato".

¿Qué se ha hecho?

- LEY #53 de 1964 por la cual se contrataron planos y estudios económicos con dos compañías de Nueva York Tippetts-Abbett-McCarthy-Stratton y R Nathan.
- Ley #53 de 1984 Ordenó la construcción del Canal.
- Decreto 0926 de 1996 contrato con Nathan de Nueva York estudios de factibilidad. Concluyeron que se debería esperar a copar la ampliación del Canal de Panamá. En el 2017 ya está copada.

¿Qué se necesita?

Un socio o socios para formar un Consorcio que:

- rediseñe los planos,
- complete los estudios ambientales,
- constituya una Sociedad Anónima con CANATCOL como socio Mayoritario (75%),
- haga el inventario de los árboles,
- trace la ruta del Canal,
- financie la inversión con emisión de bonos, y
- construya y opere el Canal por 30 años.

¿Qué se podría hacer?

Opción 1.

- Proclamar una nueva ley que ordene a los Ingenieros Militares construir la obra.
- Financiar el corte a cielo abierto de la Serranía de Baudó 4.800 m con venta de árboles.
- Financiar el resto con emisión de Bonos.

Opción 2. Santiago Pérez Triana propuso en 1915 en Londres dar en Concesión a una Compañía de Ingenieros Multinacional que haga la obra, la financie y opere el Canal por un número definido de años.

La emisión de bonos puede ser una opción conveniente para suplir los requerimientos ... Este artículo hace énfasis en la emisión de bonos como mecanismo de inversión.

La financiación extranjera y apoyo internacional podría estar a cargo de los siguientes países y organizaciones: España, Suiza, China, Francia, Japón, Holanda, Corea del Sur, Qatar, Singapur, Reino Unido, EE UU, Unión Europea.

El Sr. Ministro de Relaciones Exteriores del Japón Fumio Kishida consideró que el ancho del Canal de Panamá es insuficiente para sus embarcaciones. (Wall Street Journal, 2014). Japón se encuentra en crisis energética debido a la destrucción de los reactores de Fukushima por el Tsunami. Japón importa 98% del petróleo, y 90% del Carbón. Con la colaboración externa, Colombia podría construir una planta de gas natural líquido y podría exportar carbón del Cerrejón y petróleo. El Japón podría participar en la Asociación Privada del Canal Interoceánico de Colombia a nivel del mar. Japón a través de sus organizaciones JICA (Agencia de Cooperación Bilateral) y la ejecución de la AOD de Japón (Asistencia Oficial para el Desarrollo) pueden desarrollar las negociaciones. Debe incluirse también en el TLC (Tratado de Libre Comercio) que se está llevando actualmente con Japón.

Holanda: puede hacer también el estudio de factibilidad con las empresas holandesas Royal Haskoning-DHV y Ecorys como lo hizo con Nicaragua con su experiencia y conocimiento en el transporte marítimo y la fabricación de grúas para grandes puertos.

Unión Europea: tiene programas y recursos económicos para problemas de crisis humanitaria, que es la realidad hoy en el Chocó.

Razones para hacer el Canal Interoceánico del Chocó

1.Los Buques Ultra Grandes (ULCS) de 400 metros de eslora no caben por la esclusas nuevas de 366 metros de largas.

2. Los ULCS serán el 85% de la Flota Mercante en 2030.

3. La ruta del Canal Interoceánico del Chocó es la única región de América donde se puede hacer un Canal a nivel del mar. (Comisión del Canal Interoceánico de EEUU, 1970).

4. La Bahía de Humboldt y el Golfo de Urabá son áreas protegidas contra Huracanes.

5. La distancia entre los dos Océanos es solo de 172 kilómetros.

6.Es el negocio más rentable que se puede hacer: Inversión $17 mil millones. Produce $6 mil millones al año.

7. El Canal Interoceánico del Chocó creará un polo de desarrollo de la mayor importancia.

8. Después de terminarlo hay una serie de proyectos que serán posible con el flujo de ingresos del Canal Interoceánico del Chocó: Puertos de aguas profundas, ferrocarril costero, fábricas de industria pesada, astilleros, Centro Médico del Cantón de San Pablo, Facultad de Medicina en la Universidad del Chocó.

9. Se necesita la voluntad nacional, el apoyo político y el deseo de contribuir al Desarrollo del Pacífico.

Estimados

La flota mercante mundial está creciendo. La compañía naviera Maersk, una de las más grandes del mundo anunció que no podría pasar por el Canal de Panamá, prefiere aumentar en 2.000 kilómetros la distancia y usar el Canal de Suez. Este Canal acaba de construir la segunda vía para aumentar el tráfico de 45 a 96 buques diarios e incrementando los ingresos para Egipto de $5.500 dólares a $9.500 millones de dólares al año.

Suposiciones para Estudio factibilidad Canal de Colombia CANATCOL, AP:

1. Pasa un buque de >14.000 TEU cada hora (24 al día) a $US 300,000 $100.000=$2.400.000 x 365 = $ 876.000.000

2. Pasan 2 buques cada hora (48 al año) =$1.752.000.000 al año.

3. Pasan 4 buques cada hora (96 al año) =$3.504.000.000

Costo de operaciones $2 millones al año. Inversión US$ 13.450.150.000 mas intereses 4% $140.160.000 = $13.590.310, se puede pagar en 10 años.

Esta inversión en infraestructura creará un flujo continuo de dólares. 40% se dedicaran para pagar la deuda, el resto para salud, educación, caja de retiro, para bienestar de los propietarios del Canal, (agua pura, pozos sépticos, vivienda, recreación, deportes, salas de conciertos, orquestas, bibliotecas), desarrollo industrial: planta de energía mareomotriz en Juradó, fábrica metalmecánica de industria pesada, dragas, grúas; astillero construcción de remolcadores y barcazas.

2. Actualizar los planos y estudios económicos del Canal Atrato-Truandó,
 por la ruta 25A, hechos en Nueva York en 1964.

3. Completar los estudios de suelos de la Serranía del Baudó que no se han hecho.

4. Hacer las investigaciones ecológicas necesarias para obtener la licencia ambiental.

5. Presentar al Departamento Nacional de Planeación las escrituras y planos para su aprobación.

6. Obtener los recursos necesarios para construir el Canal Interoceánico.

7. Construir el Canal de Colombia, administrarlo y operarlo para beneficio común de todos los colombianos y del mundo civilizado.

8. Construir la planta de energía mareomotríz de 200 MW en Juradó, Chocó.

9. Construir dos fábricas de Cemento en Cabo Tiburón y Napipí.

10. Construir fábrica de equipos pesados, de material ferroviario y un astillero en el Pacífico.

11. Construir y poner en operación bajo control del Banco de la República una refinería de Oro y de Platino.
12. Construir una fábrica de motores operados por celdas de Hidrógeno con membranas de Platino.

13. Construir una empresa para procesar la madera de propiedad de CANATCOL, AP.

14. Construir una empresa pesquera con barcos pesqueros en el Pacífico y en el Atlántico, de propiedad de CANATCOL, AP. Empacadora de alimentos marinos.

15. Hacer lo necesario, para que el estado colombiano termine la carretera Panamericana, ruta Sur: ANIMAS-NUQUI- BAHIA SOLANO-JURADO-PALOS DE LETRA- PANAMÁ, que fue el sueño de Bolívar.

16. Salud: se necesitan tres hospitales de III nivel conectados con puestos de salud en 27 municipios por Telemedicina, y un Instituto de Investigaciones Tropicales.

17. Educación: Universidad del Canal con facultades de medicina, enfermería y escuela de matronas. Facultades de ingeniería civil, hidráulica, sistemas, mecánica, naval; administración, escuela técnica de pilotos, operadores del canal, dragas, etc.

CANATCOL, AP organizó un foro que se realizó en Quibdó, Chocó del 18 al 20 de Enero de 2018 en el Auditorio de la Universidad Tecnológica del Chocó. Se informó que se está buscando un socio para rediseñar, financiar, construir y operar el Canal Interoceánico durante varios años. Empresas de Ingeniería de todo el mundo fueron invitadas a participar en el taller. Asesores de la Universidad de Lieja, Bélgica lo consideran una gran oportunidad para la inversión y el desarrollo de la Costa Pacífica de Colombia.

Ingresos

Según Reuters, el Canal de Suez produjo $853.7 milliones de dólares entre Marzo y Abril del 2017. El Canal de Panamá produjo $ 1119.5 milliones de dólares de Enero a Junio 2017. El peaje del Canal de Panamá produjo ganancias de 19.7% en la primera mitad del 2017 (https:// ph.invertalia.net/.../panama-canal)

Financiación

El Canal Interoceánico se podría financiar a través de las siguientes ideas:

1. Venta en subasta internacional de madera fina Zona Canal.

2. Empréstitos Bancos Nacionales, Internacionales, (Garantías Corporación Financiera Nacional, Bogotá).

3. Asociación Colombiana de Fondos de Capital Privado.

4. Emisión de Bonos al portador (los emitidos por Egipto para ampliar Canal de Suez se vendieron en 6 horas).

5. Corporación Financiera Internacional (IFC del Banco Mundial) Sra. Yonaida Quiroz Tel (571) 319-2330. Los préstamos para proyectos regionales deben ser solicitados por Gobernadores).

Estimados Canal Interoceánico Atrato-Truandó

1. Zona del Canal del Chocó

172.000 m x 300 m 51.600.000 m2 tiene un valor USD$1.000.000/m2=

USD $ 51.600.000.000.000 –

2. Arboles zona del Canal $3.500.000 millones de dólares

3. Madera de las palizadas ríos Truandó y Salaquí $7 millones de dólares.

4. Construcción Canal Interoceánico del Chocó

172 Km a $100 millones por Kilómetro = USD $17.200 Mil millones.

5. Tiempo de construcción 48 meses

6. Proyección de ingresos con promedio de $300.000 dólares por peaje 48 cruces diarios

x 1 día USD$ 14.000.000

x 30 días USD$ 432.000.000

x365 días USD$ 5.256.000.000

7. Gastos operación y mantenimiento 5%

1 dia USD$ 700.000

30 días USD$ 2.100.000

365 días USD$ 255.500.000

8. Neto diario USD$ 13.300.000

Neto x 30 días USD$ 411.000.000

Neto 365 días UD$ 5.006.000

Los Concesionarios recibirán el 25% de los ingresos y CANATCOL debe recibir el 75% de los ingresos para pago de la deuda y para salud, educación y bienestar. Con los ingresos por peajes se puede pagar la deuda e intereses en 30 años.

En 2011 el Instituto de Investigaciones Ambientales del Pacífico (IIAP) celebró un contrato con Invias para evaluar la Navegabilidad del río Atrato. Concluyeron que el "río Atrato es la mejor vía fluvial del país". El estudio fue galardonado con el Premio Lorenzo Codazzi en 2015.

12. CONCLUSIONES

Se necesita un nuevo Canal Interoceánico a nivel del mar por que la capacidad del Canal de Panamá está copada. Buques Ultra Grandes de 400 y más metros de eslora no caben por esclusas de 366 metros de largas.

En 2030 ULCS serán el 85% de la Flota Mercante Mundial, por lo que hay que empezar ahora.

1. Problema: La vía Atrato-Truandó fue descubierta en 1855 por Kennish en la quinta expedición patrocinada por el banquero de Wall Street Frederick M. Kelley. La ruta fue confirmada en 1861 por Michler pero empezó la Guerra Civil de EEUU y el proyecto se archivó. Dos leyes de Colombia de 1964 y 1984 ordenaron la construcción del canal. Se contrataron planos con TAMS y estudios económicos con RRNA, dos compañías de Nueva York. Recomendaron explosiones nucleares, las cuales no fueron aceptadas. En 1969 se elaboraron nuevos planos del Laboratorio Central Hidráulico de Francia que están disponibles para ser actualizados.

2.Solución: La Asociación Privada Canal Atrato-Truandó CANATCOL, AP (Ley 1508/2012) fue constituida por los propietarios de la Zona del Canal (Ley 70.1993). CANATCOL representa 150 comunidades Afrocolombianas y Cabildos Indígenas dueños de la zona del Canal en los Municipios de Juradó, Riosucio, Unguía y Turbo. La extensión entre los dos océanos es de 172 km.

La mayor parte del terreno es aluvial, fácil de excavar. La parte difícil es cruzar el área más baja de la Serranía de Baudó de 290 m sobre el nivel del mar, con un corte a cielo abierto de 4.800 metros de largo, 150 metros de ancho en la base y 28 metros de profundidad para permitir el paso de Buques Ultra Grandes (ULCS) , de más de 18.000 TEU.

3.Mercado: Existe suficiente demanda para la marina mercante con un aumento creciente del tamaño de los buques. El Ministro de Relaciones Exteriores del Japón Sr. Fumio Kishida escribió al Presidente de Panamá quejándose por que "las nuevas esclusas no son suficiente amplias para el paso de buques de 600.000 TD".

4. Competencia: El Canal Interoceánico del Chocó será un complemento del Canal de Panamá, para buques que no caben por las nuevas esclusas de 366 metros de largas, debido a que los Buques Ultra Grandes (ULCS) miden 400 metros de eslora. El Canal de Nicaragua se pensaba construir sobre 280 km de largo, dos esclusas triples alimentadas por Lago Nicaragua sobre dos fallas tectónicas que han destruido a Managua en 1931 y 1976. El huracán Mitch produjo 3,000 muertes en 1976. Su presupuesto era de $50 billones. Existen graves problemas ecológicos que ponen en peligro la existencia del lago Nicaragua, fuente de suministro hídrico del país. Los propietarios de la zona del Canal de Nicaragua protestaron por la expropiación de sus terrenos decretada por la ley 840 y la compañía de Hong Kong se declaró en Bancarrota.

5. Equipo: La Junta Directiva de CANATCOL AP está conformada por representantes de las comunidades étnicas. Se está solicitando al Gobierno de Colombia una ley para eximir de todos los impuestos la construcción del Canal y por un lapso de 10 años para las nuevas empresas que se instalen en el Departamento del Chocó. También se está solicitando al Gobierno de Colombia que reemplace la Ley 53 de 1984, y ordene a los 27 Batallones de Ingenieros Militares la construcción del Canal Interoceánico con asesoría del Centro del Agua de la Unesco-Latinoamérica, o con una Escuela de Caminos, Canales y Puertos (Ley 24 de 1959).

6. Fondos: se estima que la construcción del Canal costará US$17.200.000.000 y que puede durar entre tres y cinco años haciendo la obra por seis frentes de trabajo, con tres turnos de ocho horas. Considerando que los ingresos del Canal de Suez con la segunda vía construida por los Ingenieros Militares de Egipto en un año, los recaudos aumentaron de $5.5 a $9.5 billones al año. El Canal de Panamá en los primeros 6 meses de 2017 tuvo un ingreso superior a los mil millones de dólares. Se proyecta que los ingresos del Canal Interoceánico de Colombia podrían pagar la deuda en un corto plazo.

7. Misión: CANATCOL, AP busca acabar con la crisis humanitaria denunciada por los Obispos Católicos y confirmada por la Defensoría del Pueblo y las Naciones Unidas. CANATCOL, AP respeta las costumbres y tradiciones de los propietarios, busca mejorar las condiciones de salud, nutrición, educación, y vivienda. Dotar al Departamento del Chocó de la energía eléctrica necesaria para el desarrollo de industrias, para proveer de agua pura a todos los habitantes, construir las plantas de tratamiento de aguas usadas para prevenir el daño a la naturaleza.

8. La estructura legal de Asociación Privada se basa en la ley de la República de Colombia #1508/2012, la cual permite la creación de este tipo de compañías para infraestructura.

9. La sede de CANATCOL está localizada en Quibdó, Departamento del Chocó, Colombia, aun cuando se prevé que en el futuro se puedan abrir otras sucursales en Colombia y en el exterior.

Las nuevas generaciones de Colombia no recuerdan la historia del Canal Interoceánico. Existe suficiente información para que el Gobierno de Colombia, y los poderes Ejecutivo y Legislativo piensen en la urgencia de construir el Canal de Colombia a nivel del mar. Además de prestar un gran servicio al comercio mundial, Colombia recibirá ingresos inmensos que elevaran el PBI al 11% anual.

La pacificación del Occidente de Colombia requiere la militarización de los reductos criminales y el desarrollo de necesidades no satisfechas de la población relacionadas principalmente en los sectores de salud, educación y creación de fuentes de trabajo para acabar con el desempleo del 60% denunciado por los Obispos del Chocó en el 2015.

Para empezar, la bancada Afrocolombiana debe radicar el proyecto de Ley para reemplazar la Ley 53 de 1984 que caducó sin cumplirse. La Bancada de Afrodescendientes tiene una deuda de honor con sus conciudadanos para celebrar el Bicentenario de la Independencia de Colombia, radicando el proyecto de ley el 20 de Julio de 2019.

El Presidente y la VicePresidenta de Colombia encargada de la Infraestructura, deberán darle máxima prioridad al megaproyecto que pondrá el nombre de Colombia en la geografía e historia del Mundo, como la contribución más grande de la presente administración.

EL TESORO DESCONOCIDO
POR ESTA GENERACION DE COLOMBIANOS.

El 25 de Septiembre de 2013 se celebraron 500 años del descubrimiento del Mar del Sur (Océano Pacífico) por Vasco Núñez de Balboa guiado por el hijo del Cacique Panquiaco. La expedición partió de Santa María la Antigua del Darién (la primera ciudad establecida en Tierra Firme a orillas del caño Tarena), Municipio de Unguía (Chocó) una de las bocas del delta del cuarto río más caudaloso del mundo: el río Atrato con 5.000 m3/segundo.

Nuevas generaciones de Colombianos desconocen el tesoro oculto que yace abandonado y olvidado por todos, incluyendo los dirigentes del país. El remoto Chocó, que no tiene agua pura a pesar de que llueve 12.5 metros al año, no tiene electricidad a pesar de tener 1.000 ríos, no tiene infraestructura a pesar de tener minas ricas de oro y de platino, se está muriendo de hambre en medio de la riqueza por la falta de visión de los dirigentes Colombianos.

Hace 160 años un millonario Neoyorquino Frederick M. Kelley sufragó siete expediciones para buscar la comunicación interoceánica en la Nueva Granada. En la quinta expedición en 1854 el Ingeniero Civil Capitán William Kennish encontró la ruta Atrato-Truandó, comenzando a 7° de Latitud Norte en el Estuario de Coriché (que él llamó Paracuchichi) y termina en el Golfo de Urabá.

Son 172 kilómetros entre los dos océanos: 26 km son de la Serranía del Baudó, en donde está el paso más bajo a 280 metros de altura sobre el nivel del mar. Kennish propuso hacer dos túneles de 4.8 km para pasar los barcos de esa época. Al cruzar la barrera de basalto se llega al valle del río Nerqua que desemboca en el Truandó. El capitán Kennish y su expedición quedaron abismados de la fertilidad de estos dos valles que puede alimentar a un millón de trabajadores que se pueden necesitar para hacer el Canal.

La corriente del río Truandó de 54 km que desemboca en el Atrato, en Riosucio (es la parte más alta del Canal a 47 metros al nivel del mar). El trayecto en el majestuoso Atrato tiene 92 km cuyas ondulaciones deben rectificarse para llegar al Golfo de Urabá.

Se Requieren 28 metros de profundidad para permitir el paso de los modernos Buques Ultra Grandes de Contenedores (ULCS) de más de 400 metros. de eslora que no caben por   esclusas de 366 metros de largas del Canal de Panamá.

Ese es el tesoro de Colombia: una vía interoceánica a nivel del mar, sin esclusas para los nuevos gigantes del mar que llevan contenedores de un océano a otro.
El ingreso por peajes del futuro Canal será de orden de los US$ 6.000 millones al año que se dedicarán a salud, educación y recreación de los habitantes de la región.

Desde Riosucio se puede comunicar el puerto con el resto del país, la vía ferroviaria y la autopista Panamericana podrán pasar por debajo de las aguas como ocurre en Nueva York y en otras partes del mundo.

En 1964 el Ministro de Obras Tomás Castrillón Muñoz sometió el proyecto de ley para construir el Canal. La ley fue aprobada. El Instituto Geográfico Agustín Codazzi (IGAC) levantó el plano Topográfico Atrato-Truandó a escala 1:25.000. Se contrataron los planos con la Compañía de Ingenieros Tippetts-Abbett-McCarthy-Stratton. Recomendaron explosiones nucleares que obviamente no fueron aceptadas. Los estudios económicos con Robert R. Nathan y asociados de Nueva York.

En 1970 la Comisión de los Estados Unidos para el Canal Interoceánico, estudió treinta posibles sitios para unir los dos océanos y concluyó que el único en donde se puede hacer una vía interoceánica a nivel del mar, sin esclusas, es en Colombia. Esta ruta # 25 fue estudiada intensamente.

En 1984, hace 35 años el senador Daniel Palacios Martínez introdujo el Proyecto de Ley # 53 para construir el Canal, el cual fue aprobado. La Sociedad Geográfica de Colombia en 1985 con la coordinación del Coronel (R) Ingeniero Civil Rafael Convers Pinzón reunió el I Foro sobre el Canal Atrato-Truandó. Las conclusiones de todos los estamentos representados en la reunión, fue positiva, primo la desidia de los mandatarios de turno y no se hizo nada, sólo quedó el Libro de Alberto Mendoza Morales, et. al. (1996) sobre el Canal Atrato-Truandó.

El ferrocarril (Hydrail), paralelo al canal en la zona de terreno firme se debe construir para poder mover las rocas de basalto del corte a cielo abierto de 4.800 metros de la Serranía del Baudó. El FFCC de Panamá fue indispensable para hacer la obra. El "decauville" usado por los Franceses no fue suficiente para remover la tierra de la excavación y esto con la fiebre amarilla, la malaria y 20.000 trabajador muertos fue la causa de su fracaso. En Panamá el corte de "Culebra" tiene nueve millas de largo, tres veces más que el del Canal de Colombia en Chocó.

El éxito de los EEUU en el Canal de Panamá, que fue un departamento de Colombia y todavía está en el escudo nacional, fue la campaña sanitaria contra los mosquitos y el uso del ferrocarril. El Canal de Panamá cumplió 100 años de operaciones en 2014. Ha sido ampliado y están terminado la cuarta esclusa.

En conclusión, se necesita un propósito nacional: es indispensable hacer una nueva ley que incluya la Zona del Canal. Pensamos que se deben seguir los siguientes pasos:

1. El Instituto Geográfico y Catastral Agustín Codazzi deberá entregar los registros catastrales de los propietarios de la Zona del Canal con escrituras hasta el 30 de Junio de 2019.

2. El ICA deberá hacer el inventario de los recursos naturales que se venderán al mejor postor.

3. Se necesita una ley para declarar Zona libre de impuestos a la Zona del Canal y a las empresas que se instalen en ella durante un lapso de 10 años. El Ministerio de Transporte debe hacer el decreto reglamentario de la ley.

4. En Noviembre de 2015 se constituyó la Asociación Privada del Canal de Colombia, CANATCOL, AP.

5. Gestionar los empréstitos con las instituciones nacionales e internacionales de crédito.

6. Dar las garantías del Estado.

7. Abrir el concurso internacional para dar en concesión por 30 años la construcción, operación y mantenimiento del Canal de Colombia a nivel del mar.

8. Preparar una nueva generación de Ingenieros Colombianos para estudios de Ingeniería Hidráulica, Ambiental, Sanitaria, Eléctrica, Geomancia, Administración de Empresas, Ferroviaria. Se necesitan expertos en la construcción de caminos, canales y puertos, en el manejo de equipos pesados, en el control cibernético del canal, etc.

Colombia requiere con urgencia este megaproyecto para acabar con la pobreza y salir del subdesarrollo. El Canal de Colombia creará un polo de desarrollo para la industria metal mecánica, los astilleros, talleres de reparación y construcción de material ferroviario, fábricas de cemento, zona franca, incentivos tributarios para las nuevas industrias que se construyan en la Zona del canal.

La construcción de dos puertos marítimos en Coredó (Chocó) en el Pacífico y un puerto de aguas profundas en Unguía creará agua pura, electricidad, vivienda, hospitales, escuelas, mercados, almacenes, talleres, depósitos y aeropuertos.

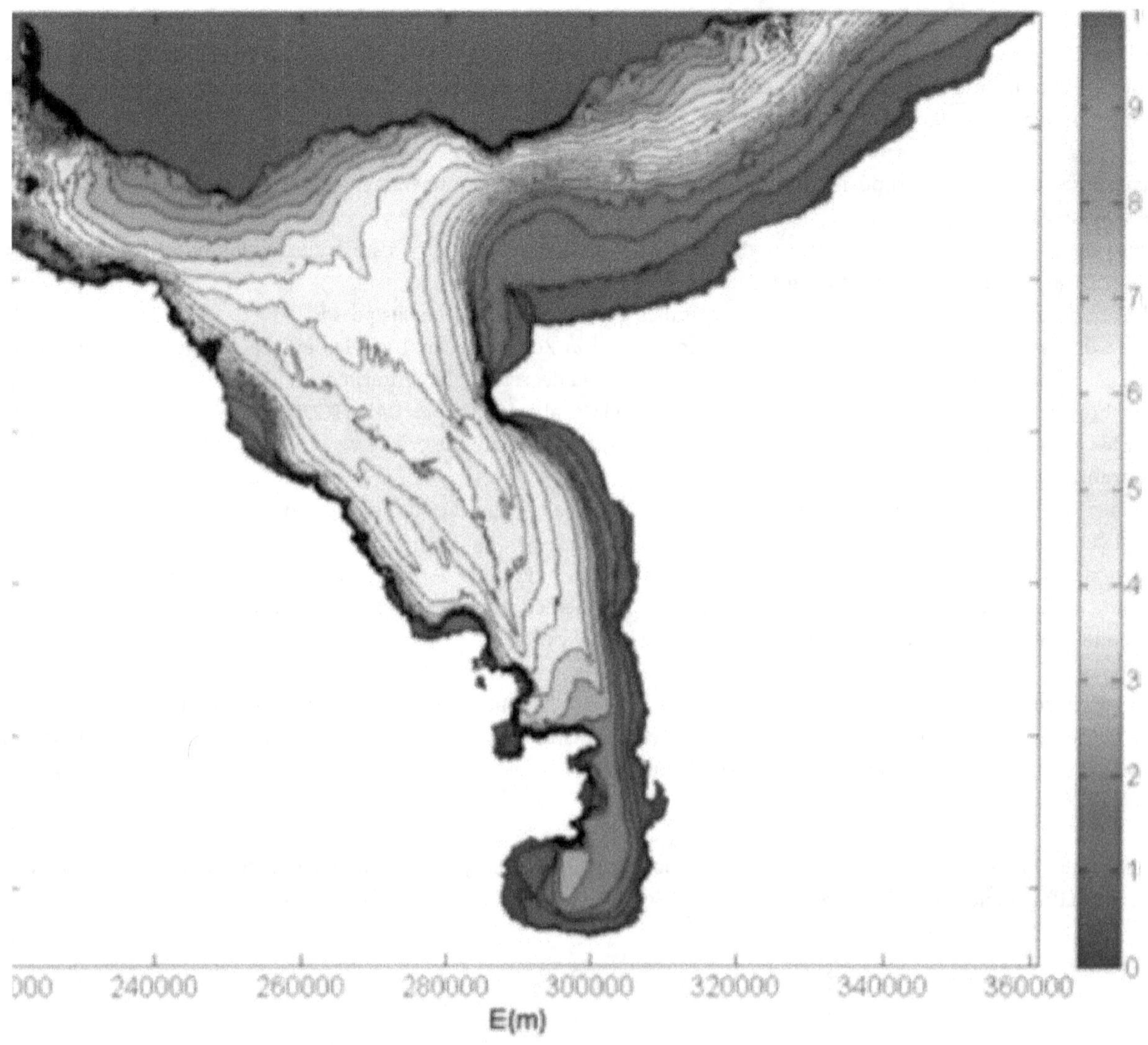

Blanco Libreros JF, Londoño Mesa MH:, "Expedición Caribe sur: Antioquia y Chocó costeros" -tesis.udea.edu.co, Medellín. Colombia 2016

13. BIBLIOGRAFIA

ASOCIACION PRIVADA CANAL ATRATO, COLOMBIA (CANATCOL, AP)
A "NASA Project" for Colombia: Build the Atrato-Truandó Canal!
EIR 1985; 12(34):20-29
Acevedo de la Torre E: Canal Interoceánico Atrato-Truandó nNaturaleza y Tec, Bogota 1950
Aguilar FC: "Colombia en presencia de las RepúblicasHispanoamericanas", Imp I. Borda, (Bogotá) 1884;
Airiau A: Canal Interocéaniques par l'Isthme de Darien, Nouvelle Granada (Amérique du Sud) Colonization,Paris 1860
Alfredo, T. Hermano. Se prospecta Canal Interoceánico a nivel el Canal del Atrato-
Truandó entre los proyectos /1968
Alfredo, T. Hermano. Canal Atrato-San Juan o Canal del Chocó /1968
Alfredo, T. Hermano. Canal del Atrato- Truandó Bol Sogecol 1967, 25(93-94)
Alvarez Lleras, J. El Canal del Atrato, Bos sogecol 1966;128-129 (2)
American interoceanic canals; a list of references in the New York Public Libraryhttps://archive.org/stream/americaninteroce00newy/ americaninteroce00newy_djvu.txt
Arango López, M.O. et al: Chocó perspectivas para su desarrollo, Tesis Universidad de lng Antioquia, 1986.

Armenta, A.L. El Canal Interoceánico
Atrato-Truandó es una necesidad inaplazable. Bol sogecol 1939;6 (2,3)
Armenta, A.L: El Canal Interoceánico Atrato-Truandó es una necesidad inaplazable Memorial del Estado Mayor, Núm. 3, 1940
Armenta, A.L. El Canal Interoceánico Colombiano /1948
Aguirre Serrano J.G. Sobre un nuevo Canal Interoceánico. Revista
Fuerzas Armadas, Vol. 20 Núm. 59 Ene.- Mar. (1970)
Agudelo G.M. El área del Caribe y el Canal Atrato-Truandó. Revista Fuerzas Armadas, Vol. 42 Núm. 122 Ene.-Mar. (1987)
Angel Sanín G.A. La importancia geopolítica y estrategica del Canal Interoceánico Atrato-Truandó/ Escuela
Superior de Guerra Tesis
Arango López Martha Olga: Chocó perspectivas para su desarrollo Tesis Escuela de Ingeniería de Antioquia, Facultad de Ingeniería Civil Envigado 1986
Armenta, Antonio Luis" El Canal Interoceánico Atrato-Truandó es una necesidad inaplazable, *Memorial del Estado Mayor, Núm. 3 (Mar. (1940; 3:*
Asher K: Black and Green: Afro- Colombians, Development, and Nature in the Pacific Lowlands
Duke University Press, 2009
Atlantic-Pacific Interoceanic Canal Study Commission
Author: United States. Atlantic-Pacific Interoceanic Canal Study Commission. Seven volumes, Washington, DC 1970
Bahamón Dussán, A. La geopolítica del canal Atrato-Truandó. Bol Sogecol 1997, 41 (125)
Bateman, A. El Canal del Atrato. Grupo de Publicaciones del Ministerio de Obras Públicas, 1985.
Bateman Durán, Jaime D:Comparación proyectos Atrato-San Miguel y Atrato-Truando
Anales de Ingeniería Bogotá vol. 92, no. 824 (Oct.-Dic., 1984)
Blanco Libreros, JF; Londoño Mesa, MH: "Expedición Caribe sur: Antioquia y
Chocó costeros" -tesis.udea.edu.co, Medellín. Colombia 2016
Brissón J, Francisco Javier Vergara y Velasco (Tr) Reconnaisance of Atrato-Truando Sea-Level Canal Route. Exploración en El Alto Chocó, Bogotá 1905 2a ed BiblioLife, 2010
Burdiol, M: Ingénieur Civil: Exploration dans l'Isthme de Darién Canalization par
Cullen E Isthmus of Darien ship canal, with history of the Scotch Colony of Darien, London 1853
Canal Zone. Governor (1944-1948 : Mehaffey) Special Report of the Governor of the Panama Canal on the Atrato-Truando Canal Route: Under Public Law 280, 79th Congress, 1st Session. The Governor, 1949
Canal Zone. Dept. of Operation and Maintenance. Special Engineering Division
Publisher.Department of Operations and Maintenance, Special Engineering Division, 1948
Canal Zone. Dept. of Operation and Maintenance. Special Engineering
División
Modified Plan, Reconnaissance of Atrato-Truando Sea-Level Canal Route Contributor. Publisher Department of Operations and Maintenance, Special Engineering Division, 1948
Canal Zone. Dept. of Operation and Maintenance. Special Engineering Division
Atrato-Truando Route: Hydrography of the Lower Atrato River (Special Canal Study--1949). Department of Operations and Maintenance, Special Engineering Division, 1948
Cárdenas Jaramillo, V. Proyecto de ley sobre el canal Atrato-Truandó. Bol Sogecol 1983, 36(118).
Cárdenas, Jaramillo, V. Proyecto de ley sobre el canal Atrato-Truandó, Bol Sogecol
1983; 36 (118).
Carlos V, Cedula Real dando poder, intruccion, ordenanzas a Pedrarias Dávila PARES, Archivo de Indias PATRONATO, 26,R.5
1513
Carvajal, G. Canalización interoceánica por el Chocó, 1914.
Castañeda Acevedo, P R: Estrategia nacional para desarrollar el medio fluvial colombiano partir de los futuros canales de interconexión fluvial generados por los ríos Atrato, Putumayo y Magdalena, Bogotá : Esdegue 2009
Autores :
Castrillón Dussan, R ; Escobar Olaya, GA: Servicios navieros de la Armada Nacional en los ríos Atrato y Meta, Bogotá : Escuela Superior de Guerra, Tesis ESG 2013
Castrillón Muñoz, T: Canal del Atrato exposición de motivos al
proyecto de Ministerio de Obras Públicas, Bogotá, 1964.

Castrillón Muñoz, T: El Canal del Atrato, Rev Javeriana 1964, 61:305

Castrillón Muñoz, T: Una obra para beneficiar un gran emporio de riqueza: el Canal del Atrato, 1967

Castro AD: The Portuguese in Hawaii Caras y caretas – Issues 378-391 – Google Books Resulthttps://books.google.com.co/books?id... - 1906

Cifuentes Ramírez, Laurentino (TN): El Canal del Atrato, *Revista Fuerzas Armadas, 1970; 20(60):* 477-494

Convers Pinzón, R: Posible financiación del canal Atrato-Truandó para su construcción en diez años. Bol Sogeocol 1979;34 (114).

Convers Pinzón, R: Algo más sobre el Canal Atrato-Truandó Colombia, sigue la politica del avestruz. Bol Sogeocol 1982; 36 (117).

Convers Pinzón, R: El Canal Interoceánico a nivel Atrato-Truanó y las Hidroeléctricas del Atrato pueden cambiar la suerte del pais. Bol

Sogeocol 1984-1985; 37 (119-120).

Convers, Pinzón R: Canal Atrato-Truandó. El Dorado del año 2000. Bol Sogeocol 1986; 38(121).

Convers, Pinzón R: Buenas noticias sobre el Canal Atrato "Canal Atrato-Truando" Bol Sogeocol 1988-1989; 39 (122).

Convers Pinzón, R: Qué pasa con el Canal de Panamá y el Canal del Chocó.

Revista Fuerzas Armadas, Vol. 42 Núm. 122 Ene.-Mar. (1987).

Convers Pinzón, R: El canal de Colombia y el de Panama. Bol Sogeocol 1975, 29(107).

Convers Pinzón, R. El Canal de Colombia y el de Panamá. 1975.

Convers Pinzón, R. Proyecto de túnel para cruzar la Serranía de Baudo entre el Oceano Pacífico y el río Atrato, Revista ACORE 1986; 52

Corredor Serrano, A. Mare Nostrum / 1999.

Corredor Serrano, Alfonso. "Canal Interoceánico Atrato-Truandó." *Revista"Armada 1988;* 50.

Corredor Muñoz, E: Vision geopolítica de un Canal Interoceánico. 60

Abr.-Jun. (1970).

Costales Samaniego, A. Webster McBryde F, Pen⁻ aherrera de Costales P:

Human ecology of route 25 (Atrato- Truando) región, Chocó, Colombia Battelle Memorial Institute, Columbus Laboratories, 1970 - Colombia -

Darien Papers: A selection of original letters and Official Documents relating to the establishment of a colony at Darien by the company of Scotland Trading to Africa and the Indies Edinburgh 1849

Davis, CH: Report of the Interoceanic canals and railroads between the Atlantic and Pacific Oceans. Washington Gov Print Off 1867 https://babel.hathitrust.org/cgi/ pt?id=hvd.32044086969516;view=1up;seq=7

Davis, CH: Report on the interoceanic communication at American Isthmus

United States Congress House Committee on Naval Affairs, Washington: [s.n.], 1870.

Diaz, F: Flooding analysis at the Atrato-River watershed in Colombia, University of Texas 2012 http://www.ce.utexas.edu/prof/maidment/ giswr2012/TermPaper/Diaz.pdf

De Puydt, Lucien M. "Account of Scientific Explorations in the Isthmus of Darien in the Years 1861 and 1865". The Journal of the Royal Geographical Society of London 38 (1868): 69-110.

https://www.jstor.org/stable/1798569 , http:// www.jstor.org/stable/1799579? seq=1#page_scan_tab_contents

Devia Garzón, CA. "Geopolítica, recursos naturales y zonas estratégicas en Colombia." Universidad Militar Nueva Granada, Bogotá 2015).

Duque Escobar, G. Colombia mira a la Cuenca del Pacífico. (2011), en:http://www.bdigital.unal.edu.co/4102/1/ gonzaloduqueescobar.201151.pdf

Duque Escobar, G. Un "ferrocarril verde" para articular los mares de Colombia, en:http://www.bdigital.unal.edu.co/8429/1/ gonzaloduqueescobar.201243.pdf

Duque Escobar, G. El Ferrocarril Cafetero por el Norte del Tolima para la Intermodalidad de Colombia.https:// scholar.google.com/scholar? as_ylo=2016&q=canal+atrato&hl=es&as_sd t=0,10

Sesión Conjunta de Asambleas de Caldas y Tolima, Viernes 29 de Abril de 2016, Fresno, Tolima - http:// www.bdigital.unal.edu.co/51663/#sthash. 59Fda6ZU.dpuf

Escobar, F. El Canal del Atrato. Bol

Sogecol 1936, 3(2).

Flachat J: Notes sur le fleuve de Darien et sur la configuration du Sol au point de que du tracé d'un canal interocéanique entre le Rio Grande de Darien et l'Atrato, Paris 1866

FOREIGN RELATIONS OF THE UNITED STATES, 1948, THE WESTERN HEMISPHERE, VOLUME IX

Agreement by the Colombian Government to preliminary reconnaissance of the Atrato– Truando: interoceanic canal route,The Secretary of the Army (Royall) to the Secretary of State, Washington, March 3, 1948.

Friede, J. El Atrato como vía de acceso al Pacífico. Revista Fuerzas Armadas, Vol. 9 Núm. 27 Jul.-Ago. (1964).

Gómez, G.M. Revista de Estudios Sociales-Revista No 03| Elementos

de ...res.uniandes.edu.co > Revista No. 03.

Gómez, J: Sea level Canal of Chocó, Colombia. In 1970 after studying 30 possible sites for an interoceanic sea level canal for 250,000 ton ship canal, the USA Commission

issuu.com/...z/docs/ canal_of_colombia___8b09e191d22020

Gómez, JG., Baldwin, CG:

Canal Interoceánico A NIVEL DEL MAR ATRATO-TRUANDO, COLOMBIA http://issuu.com/jimgomez/docs/ CANATCOL_presenta/1

Gómez, JG: Canal de Colombia by Jim Gomez - issuuhttps://issuu.com/jimgomez/docs/ canal_de_colombia_andm

González Escobar, L.F. Chocó en la cartografía histórica: de territorio incierto a Departamento de un país llamado Colombia, Bol. Cult Bibliog (BLAA), Bogotá, 1996; 43.

Governor of the Panama Canal,

Special canal study--1949, Atrato-Truandó route.

"This special report supersedes all references to the Atrato-Truando? canal route contained in Report of the Governor of the Panama Canal, dated November 21, 1947, under Public Law 280, 79th Congress, 1st session."

Greiff Moreno,C. de. El Canal seco: paso de mar a mar, una solución viable y de beneficio nacional / 1987.

Gutiérrez Navarro, C. El canal de América : Panamá en la conquista, la colonia, la independencia y la secesión, Atrato-Truandó Tesis Bogota 1951

Holguín Pardo, L. Diseño conceptual del puente fluvial interoceánico Atrato- Truandó /1996.

Humboldt A Von: Political Essay on the Kingdom of New Spain, traducido del francés por John Black, Londres 1811, libro 1 Cap II: 30-31

Humboldt, Friedrich Heinrich Alexander, Freiherr Von. Considerations generales sur la possibilité de joindre la mer du Sud à L'océan Atlantique. (In his: Essai politique sur le royaume de la Nouvelle-Espagne.

Paris, 1811. 8°. v. 1, ch. 2.) HTY

Humboldt A Von: Ponts de partage et communications projettees entre le Grand Océan et l'Océan Atlantique 1808,Sherwood III RM: The Cartography of Alexander Von Humboldt: Images of the ...https://books.google.com.co/books?

isbn=0549556540

Tesis U of Texas 2008

Instituto Geográfico Agustín Codazzi

(Bogotá) Atrato-Truandó Departamento del Chocó, 1964.

Instituto Geográfico Agustín Codazzi

(Bogotá) Atrato-Truandó [material cartográfico] : Departamento del Chocó /

1964.

Interoceanic Canal Studies - 1970. Annex V. Study of Engineering Feasibility. Volume I. Appendix 1. Description of Routes; Appendix 2. Conventional Excavation Technology; Appendix 3. Nuclear Excavation Technology; Appendix 4. Project Management, Organization and Funding

Kennish, W: The Practicability and Importance of a ship canal to

connect the Atlantic & Pacific Oceans. Nesby, New York, 1855 (Google Books).

Kelley F.M., Kennish W., (CE) Serrel, E.W. The Practicability and

Importance of a Ship Canal to Connect the Atlantic and Pacific Oceans. With instructions from F.M Kelley esq. to William Kennish esq., civil engineer. Nesby. New York 1855

Kelley, Frederick M, Kennish, William (1855)

Canal Interoceánico de Colombia: Descubrimiento y Exploración del Canal Interoceánico Vía Atrato-Truandó. Editorial Universidad Nacional de Colombia. (Bogota,2013 - http://www.bdigital.unal.edu.co/12339/

Kelley Frederick - Wikipedia, the free encyclopediahttps://en.wikipedia.org/wiki/ Frederick_Kelley, May 2015)

Laboratoire Central Hydraulique de France, Paris. Proyecto del
desarrollo del Chocó. Estudio de la vía acuática Atrato-San Juan,
canales, esclusas. Informe preliminar. Bogotá. 1966.

Landazábal Reyes, F.L. El canal del Atrato. Revista del Ejército, Núm. 18 May, (1964)

Laverde Goubert, L. El Canal del Chocó. Revista Fuerzas Armadas, Vol. 10 Núm. 29 Nov.-Dic. (1964)

Laverde Goubert, L. Ideas sobre el Canal del Chocó. Rev Fuerzas Armadas,
1964;9(26):383-392

Laverde Goubert, L. Los Canales del Chocó Rev Sogeocol 1966;24(91-92):1-22 (Lagos del Chocó)

LEITNER, U. Sobre ríos y canales - Aspectos geográficos y cartográficos en el legado de Humboldt. **HiN - Alexander von Humboldt im Netz. Internationale Zeitschrift für Humboldt-Studien**, [S.l.], v. 18, n. 34, p. 30-58, apr. 2017.

Leyva Arciniegas S: Atrato-Truandó: primera opción. El Mundo, Medellín 15 de abril de 1984

Lemaitre, E: El canal del ATrato y las exploraciones de Bonaparte Wyse, Rev Vínculo 1964; 16 (125)

Lleras, A. El Canal Interoceánico del Chocó / 1966

Londoño Alvarez, C.F. Chocó perspectiva para su desarrollo / 1988

Lozano Asprilla, Cándido: El canal del Atrato y la soberanía nacional, Bogotá: Universidad La Gran Colombia. Fac. de Derecho, 1964 . -- 127 h : ; 28 cm. . -- (. Tesis y disertaciones académicas). Nota de tesis: Tesis (Abogado) -- Universidad La Gran Colombia

Malte-Brun, VA: Du Projet de Communication Interocéanique par l'Isthme de Darien. Bull Soc Géographique de Paris 1857

Mariño Sánchez, J. Será posible la construcción del Canal del Atrato? /1961

Martínez Landínez J: GEOPOLITICA COLOMBIANA. Entrega No. 6. La Ruta Interoceánica de Colombia Llamada Atrato-Truandó del Golfo de Urabá-Río...1959

Mejía, LG: "El Canal Interoceánico". El Colombiano 4 de octubre de 2011

Mendoza Morales, A. El Canal: Atrato- Truandó / 1996

Meyer Victoria:Research Assistant at JPL "Forest Structure and Biomass: GeoSAR Measurements in Chocó, Colombia" https://nisar.jpl.nasa.gov/ nisarworkshop2015_posters.html

Michler, N: Report of Lieutenant Nathaniel Michler of a survey for
an interoceanic ship canal, December, 1887.

Michler, N: Report of the secretary of war, communicating, in compliance with a resolution of the Senate, Lieutenant Michler's...Michigan Historical Reprint
Series, Michigan Publishing 2005

Ministerio de Obras Públicas: Canal del Atrato: exposición al proyecto de Ley por la cual se autoriza al Gobiero Nacional para elaborar estudios de un Canal Interoceánico, por la Hoya del Río Atrato y a través de la Serranía del Baudó 1964...

Ministerio de Obras Públicas Colombia. Interoceanic sea level canal studies. Technical reports summaries. Bogotá, Octubre, 1978

Ministerio de Obras Públicas. Estudio del Canal Atrato-Truandó, Bogotá, Colombia, 1969.

Ministerio de Obras Públicas. Colombia Interoceanic sea level canal studies. Technical reports summaries. Bogotá, Octubre, 1978.
Atlantic-Pacific Interoceanic Canal Study Commission
Author: United States. Atlantic-Pacific Interoceanic Canal Study Commission. Seven volumes, Washington, DC 1970

Molano A, Ramírez MC: El Tapón del Darién, diario de una travesía. Textos de Biología, César Monje: El Sello Ed. Bogotá 1996

Molano Campuzano, J. Viajes de Lionés Wafer al Istmo del Darién (Cuatro meses entre los indios). Boletín 4 Año XI, 1953.

Monsalve Cuberos, L. El Canal Interoceánico Atrato-Truandó Bol Sogeocol, 1982; 36 (117).

Moreno Moreno, JA: Acta de Constitución y Estatutos Canal Interoceánico Atrato-Truandó, CANATCOL,AP. https://issuu.com/jimgomez/docs/ acta_const_11.26.15

Mosquera, JC de: Presidente de la Nueva Granada, Miembro Honorario de la Sociedad de Agronomía Práctica de Paris: Memoria sobre la Geografia Fisica y Politica de la Nueva Granada. Dedicada a la Sociedad Geografica y Estadística de Nueva York, New York 1852

Mosquera Rivas, R: Oportunidad para construir el Canal Atrato-Truandó, Bol Sogeol 1981; 35(115).

Mosquera Rivas, R: Canal a nivel por Colombia. Bol. Sogecol 1982; 36(117).

Mosquera Rivas, R. Canal a nivel por Colombia : Foro Nacional sobre Desarrollo del Chocó /1982.

Mosquera Rivas, R. El foro sobre el Canal Interoceánico

Atrato-Truandó, Bol Sogecol 1984-1985; 37 (119-120).

Munera Mouthon, P.A. El foro sobre el Canal Interoceánico

Atrato-Truandó, Bol Sogeocol 1984-1985; 37 (119-120)

Nourse, JE: Interoceanic communication across Central America, Civil <mech Eng 1872;62:383

Obregón Andreu, Mauricio, (1921-1998) Canal Atrato, Colombia. **# clasif.** B 46361, 1964

Ortega, Alfredo: El Canal Interoceánico por el Atrato, An Ing Bogotá 1930; 38(451): 337-342.

Ortíz Restrepo, C. A propósito del nuevo Canal del Chocó /1966.

Ossa Varela, P. Informe del ingeniero Peregrino Ossa Varela al Ministerio de Industria / 1934.

Ossa V., Peregrino: Canal Interoceánico por el Atrato, An Ing Bogotá 1941; 49 (562): 691-692

Páez, G: Comentario a la ley 53 de 1984. Bol Sogecol 1985;37 (119-120)

Palacios Martinez, D: EL Canal Atrato- Truandó

ORDENADO POR LA LEY 53 DE 1984, Boletín de la Sociedad Geográfica de Colombia1984-1985; 7 (119-120).

Panero, R.: Proyecto de desarrollo para elChocó (algunos aspectos sobre la construcción de un paso interoceánico a través del Departamento del Chocó, Colombia, New York, Hudson Instiute 1966

Peralta, J.A. El Canal Interoceánico: gigante de hormigón, o megaproyecto de vida? /1999.

Pitman, Robert Birks. A succinct view and analysis of authentic information ex- tant in original works, on the practicability / of joining the Atlantic and Pacific oceans, by ship canal across the isthmus of America London: printed for J. M. Richardson and J. Hatchard, 1825. viii, 229 p., 11.. 1 map. 8°. TSB

Puydi, L: L'Isthme Américain et le canal Colombienne. Percement du Darien Châtillon sur Seine, Cornillac 1869.

Quijano O, J.M. Informe sobre la exploración de los istmos de Panamá y del Darién, en el Diario Oficial de los Estados Unidos de Colombia (Bogotá, 1875), págs. 2785 y sigs.

Quintero, J. Concepto artístico científico del mapa del Canal Atrato-Truandó. Bol Sogecol 1984-1985; 37 (119-120).

Ramírez,J.E. Proyecto del Canal Interoceánico Atrato-Truandó (Colombia) a nivel del mar. Bol. Sogecol, 1967, 25 (95-96).

Reclus E: Colombia, (T) Vergara y Velasco FJ. Pap, Matiz,Bogotá 1893

[Dedicada al Geógrafo explorador de Colombia Agostino Codazzi, en su primer centenario] Google ebooks

Restrepo Uribe, J. Canal Atrato-Truandó, Editor: Leanló, 1983.

Restrepo, R.L: La Bahía Solano y las posibles comunicaiones interoceánicas de ella con el río Atrato. Bol Sogecol 1938; 5(1)

Samper Pizano E: LA PROPUESTA DE SAMPER DE REVIVIR EL PROYECTO DE UN Canal Interoceánico DESDE URABA HASTA EL PACIFICO RESULTA TAN SORPRESIVA COMO POCO VIABLE., Semana 1996/06/24

Sánchez Montenegro, V.: Antecedentes del Canal de Panamá y del Atrato. Revista Fuerzas Armadas, Vol. 9 Núm. 27 Jul.-Ago. (1964)

Sanclemente, C. El canal del Atrato /1983.

Santander, L.J. El Canal del Atrato, obra colosal. Revista Fuerzas

Armadas, Vol. 10 Núm. 28 Sep.-Oct. (1964).

Schlubach, R. Carlos, W. Aspectos muy importantes sobre el canal del Atrato. Bol Sogeocol 1986; 38 (121).

Schlubach, R. Carlos, W.: El desarrollo de Urabá, Darién y Chocó Norte y su importancia para ayudar a la construcción del Canal Atrato-Truandó. Bol Sogecol 1986; 38: 121.

Serrano Avila, R: El Canal del Atrato. Revista Fuerzas Armadas, Vol. 42 Núm. 124, Jul.-Sep (1987).

Silva Sánchez, G. Foro del Canal Atrato- Truando. Monetarismo o canal: Colombia tiene que escoger. Bol Sogecol 1986; 38 (121).

Silva, Betancourt: En Canal Interoceánico ATrato-Truandó, Polo de desarrollo 1989

Sociedad Geográfica de Colombia:

Conveniencia y oportunidad de estudiar el posible Canal Interoceánico por el Atrato 1937; Bol 1; 4.

Sociedad Geográfica de Colombia: Prospectiva. Canal Interoceánico Atrato- Truandó, Bol Sogeocol 1986; 38 (121).

Sociedad Geográfica de Colombia: Sociedad Colombina de Ingenieros, Fundación para la energía de fusión Declaración Pública aprobada por el Foro sobre el Canal del Atrato reunido en Bogotá los dias 8 y 9 de Agosto de 1985, Bol Sogeocol 1984-1985; 37,(119).

Boletín de la Sociedad Geográfica de Colombia (Bogotá) . -- Vol. 6, No. 2-3 (Jun./Dic. 1939). -- p. 2-3

Sociedad Geográfica de Colombia Conveniencia y oportunidad de estudiar el posible Canal Interoceánico por el Atrato. Bol Sogeocol 1934; 4: (1).

Sociedad Geográfica de Colombia La ignorancia sobre Colombia. La Hilea Magdalenense/ El Canal del Atrato, Vias de comunicacion intercontinentales e interoceánicas Bol. Sogeocol 1948; 8: (1)

"Special Report of the Governor of the Panama Canal on the Atrato-Truando Canal Route, Under Public Law 280,79th Congress,1949" https://www.govinfo.gov/content/pkg/GOVPUB- M115-28ef053b58bcf87d5bcd496b093d67

88/pdf/GOVPUB- M115-28ef053b58bcf87d5bcd496b093d67 88.pdf

Teller, DW: Canal Interoceánico: proyecto propuesto al Congreso nacional de los Estados Unidos de Colombia por Daniel W. Teller, de Nueva York, ciudadano norte- americano, para la celebración de un contrato de privilejio para la escavación de un Canal Interoceánico. Imprenta Echeverria Hnos, Bogota 1866 www.banrepcultural.org/.../canal- interocean.

Torres Sánchez J, Salazar HLA: Introducción a la Historia de la Ingeniería y de la Educación en Colombia Univ Nal de Col, Bogotá 2002.

Trautwine, JC: Rough notes of an exploration for an interoceanic canal route

by way of the rivers Atrato and San Juan, in New Granada, South America 1882

United States. Department of State. Isthmus of Darien--ship canal. Message from the President of the United States, transmitting the information required by a resolution of the House of representatives of the 17th ultimo, in relation to a ship canal across the Isthmus of Darien. 25th Cong., 2d sess. House. doc. 228https://hdl.handle.net/2027/uc1.b4915606?urlappend=%3Bseq=213

U.S. Statutes at Large, 39th Congress, 2nd Session, volume 14, page 567

[No. 26.] Ship Canal across the Isthmus of Darien. A resolution to extend aid and facilities to citizens of the United States engaged in the survey of a route for a ship canal across the Isthmus of Darien. February 25, 1867.

http://memory.loc.gov/cgi-bin/ampage? collId=llsl&fileName=014/ llsl014.db&recNum=598

Valencia Tovar, A. El Canal Interoceánico, un objetivo nacional. Revista Fuerzas Armadas, Vol. 9 Núm. 26 May.-Jun. (1964).

Valois Arce, D: Canal Atrato. Ed Kealon Medellín 1981

Von Humboldt, Alexander, Ensayo Político sobre el Reino de la Nueva España, 1811.

Wafer, L: Voyage and description of the Isthmus of Darien, London 1699

Wyse, Lucien Napoleón Bonaparte, and others. Canal interocéanique 1877-1878. Rapports sur les études de la Commission internationale d'exploration de L'isthme américain. Paris: A. Lahure, 1879. 294 p., 1 1., 1 map, 1 pi. sq. 4°. f TSB

14. Agradecimientos

La Sra. Lorena Gómez preguntó por qué no habíamos escrito algún libro sobre el Canal Interoceánico, nos ilustró en la forma como se hacen actualmente los libros y nos animó para realizar esta obra que preparamos con gusto para celebrar el II Centenario de la Independencia de Colombia. Ella ha tenido la bondad de corregir el manuscrito para publicarlo con los nuevos métodos.

Agradecemos la ayuda de un gran número de bibliotecarios que nos han facilitado referencias en Colombia y en el exterior. A los autores quienes nos han permitido publicar ilustraciones. Al Dr. Juan Felipe Blanco Libreros (juan.blanco@udea. con sinceros agradecimientos por su autorización para publicar las ilustraciones de Batimetría). **Blanco Libreros JF, Londoño Mesa MH:** "Expedición Caribe sur: Antioquia y Chocó costeros" -tesis.udea.edu.co, Medellín. Colombia 2016 y a todos nuestros colaboradores quienes han hecho posible esta obra. A la artista Luz H. Flórez por modificar el Escudo de Colombia y a la Sra. Guiomar Flórez Mariño por la portada del libro.

Los autores

AMGD